心一堂術數古籍珍本叢刊

書名：羅經消納正宗

系列：心一堂術數古籍珍本叢刊 堪輿類 第二輯 155

作者：【明】沈昇撰、【明】史自成、丁孟章 合纂

主編、責任編輯：陳劍聰

心一堂術數古籍珍本叢刊編校小組：陳劍聰 素聞 鄒偉才 虛白盧主

出版：心一堂有限公司

通訊地址：香港九龍旺角彌敦道六一〇號荷李活商業中心十八樓〇五〇六室

深港讀者服務中心：中國深圳市羅湖區立新路六號羅湖商業大廈負一層〇〇八室

電話號碼：(852)67150840

網址：publish.sunyata.cc

電郵：sunyatabook@gmail.com

網店：http://book.sunyata.cc

淘寶店地址：https://shop210782774.taobao.com

微店地址：https://weidian.com/s/1212826297

臉書：https://www.facebook.com/sunyatabook

讀者論壇：http://bbs.sunyata.cc/

版次：二零一九年四月初版

平裝

定價：港幣 一百五十八元正
　　　新台幣 五百九十八元正

國際書號：ISBN 978-988-8582-68-6

香港發行：香港聯合書刊物流有限公司

地址：香港新界大埔汀麗路36號中華商務印刷大廈3樓

電話號碼：(852)2150-2100

傳真號碼：(852)2407-3062

電郵：info@suplogistics.com.hk

台灣發行：秀威資訊科技股份有限公司

地址：台灣台北市內湖區瑞光路七十六巷六十五號一樓

電話號碼：+886-2-2796-3638

傳真號碼：+886-2-2796-1377

網絡書店：www.bodbooks.com.tw

台灣秀威書店讀者服務中心：

地址：台灣台北市中山區松江路二〇九號一樓

電話號碼：+886-2-2518-0207

傳真號碼：+886-2-2518-0778

網絡書店：http://www.govbooks.com.tw

中國大陸發行 零售：深圳心一堂文化傳播有限公司

深圳地址：深圳市羅湖區立新路六號羅湖商業大廈負一層〇〇八室

電話號碼：(86)0755-82224934

心一堂微店二維碼

心一堂淘寶店二維碼

心一堂術數古籍 珍本 整理 叢刊 總序

術數定義

術數，大概可謂以「推算（推演）、預測人（個人、群體、國家等）、事、物、自然現象、時間、空間方位等規律及氣數，並或通過種種『方術』，從而達致趨吉避凶或某種特定目的」之知識體系和方法。

術數類別

我國術數的內容類別，歷代不盡相同，例如《漢書·藝文志》中載，漢代術數有六類：天文、曆譜、五行、蓍龜、雜占、形法。至清代《四庫全書》，術數類則有：數學、占候、相宅相墓、占卜、命書、相書、陰陽五行、雜技術等，其他如《後漢書·方術部》、《藝文類聚·方術部》、《太平御覽·方術部》等，對於術數的分類，皆有差異。古代多把天文、曆譜、及部分數學均歸入術數類，而民間流行亦視傳統醫學作為術數的一環；此外，有些術數與宗教中的方術亦往往難以分開。現代民間則常將各種術數歸納為五大類別：命、卜、相、醫、山，通稱「五術」。

本叢刊在《四庫全書》的分類基礎上，將術數分為九大類別：占筮、星命、相術、堪輿、選擇、三式、讖諱、理數（陰陽五行）、雜術（其他）。而未收天文、曆譜、算術、宗教方術、醫學。

術數思想與發展——從術到學，乃至合道

我國術數是由上古的占星、卜筮、形法等術發展下來的。其中卜筮之術，是歷經夏商周三代而通過「龜卜、蓍筮」得出卜（筮）辭的一種預測（吉凶成敗）術，之後歸納並結集成書，此即現傳之《易

經》。經過春秋戰國至秦漢之際，受到當時諸子百家的影響、儒家的推崇，遂有《易傳》等的出現，原本是卜筮術書的《易經》，被提升及解讀成有包涵「天地之道（理）」之學。因此，《易·繫辭傳》曰：「易與天地準，故能彌綸天地之道。」

漢代以後，易學中的陰陽學說，與五行、九宮、干支、氣運、災變、律曆、卦氣、讖緯、天人感應說等相結合，形成易學中象數系統。而其他原與《易經》本來沒有關係的術數，如占星、形法、選擇，亦漸漸以易理（象數學說）為依歸。《四庫全書·易類小序》云：「術數之興，多在秦漢以後。要其旨，不出乎陰陽五行，生尅制化。實皆《易》之支派，傳以雜說耳。」至此，術數可謂已由「術」發展成「學」。

及至宋代，術數理論與理學中的河圖洛書、太極圖、邵雍先天之學及皇極經世等學說給合，通過術數以演繹理學中「天地中有一太極，萬物中各有一太極」（《朱子語類》）的思想。術數理論不單已發展至十分成熟，而且也從其學理中衍生一些新的方法或理論，如《梅花易數》、《河洛理數》等。

在傳統上，術數功能往往不止於僅僅作為趨吉避凶的方術，及「能彌綸天地之道」的學問，亦有其「修心養性」的功能，「與道合一」（修道）的內涵。《素問·上古天真論》：「上古之人，其知道者，法於陰陽，和於術數。」數之意義，不單是外在的算數、歷數、氣數，而是與理學中同等的「道」、「理」—心性的功能，北宋理氣家邵雍對此多有發揮：「聖人之心，是亦數也」、「萬化萬事生乎心」、「心為太極」。《觀物外篇》：「先天之學，心法也。……蓋天地萬物之理，盡在其中矣、心一而不分，則能應萬物。」反過來說，宋代的術數理論，受到當時理學、佛道及宋易影響，認為心性本質上是等同天地之太極。天地萬物氣數規律，能通過內觀自心而有所感知，即是內心也已具備有術數的推演及預測、感知能力；相傳是邵雍所創之《梅花易數》，便是在這樣的背景下誕生。

《易·文言傳》已有「積善之家，必有餘慶；積不善之家，必有餘殃」之說，至漢代流行的災變說及讖緯說，我國數千年來都認為天災，異常天象（自然現象），皆與一國或一地的施政者失德有關；下

至家族、個人之盛衰，也都與一族一人之德行修養有關。因此，我國術數中除了吉凶盛衰理數之外，人心的德行修養，也是趨吉避凶的一個關鍵因素。

術數與宗教、修道

在這種思想之下，我國術數不單只是附屬於巫術或宗教行為的方術，又往往是一種宗教的修煉手段──通過術數，以知陰陽，乃至合陰陽（道）。「其知道者，法於陰陽，和於術數。」例如，「奇門遁甲」術中，即分為「術奇門」與「法奇門」兩大類。「法奇門」中有大量道教中符籙、手印、存想、內煉的內容，是道教內丹外法的一種重要外法修煉體系。甚至在雷法一系的修煉上，亦大量應用了術數內容。此外，相術、堪輿術中也有修煉望氣（氣的形狀、顏色）的方法；堪輿家除了選擇陰陽宅之吉凶外，也有道教中選擇適合修道環境（法、財、侶、地中的地）的方法，以至通過堪輿術觀察天地山川陰陽之氣，亦成為領悟陰陽金丹大道的一途。

易學體系以外的術數與的少數民族的術數

我國術數中，也有不用或不全用易理作為其理論依據的，如揚雄的《太玄》、司馬光的《潛虛》。也有一些占卜法、雜術不屬於《易經》系統，不過對後世影響較少而已。

外來宗教及少數民族中也有不少雖受漢文化影響（如陰陽、五行、二十八宿等學說。）但仍自成系統的術數，如古代的西夏、突厥、吐魯番等占卜及星占術、藏族中有多種藏傳佛教占卜術、苯教占卜術；北方少數民族有薩滿教占卜術；不少少數民族如水族、白族、布朗族、佤族、彝族、苗族等，皆有占雞（卦）草卜、雞蛋卜等術，納西族的占星術、占卜術，彝族畢摩的推命術、占卜術……等等，都是屬於《易經》體系以外的術數。相對上，外國傳入的術數以及其理論，對我國術數影響更大。

曆法、推步術與外來術數的影響

我國的術數與曆法的關係非常緊密。早期的術數中，很多是利用星宿或星宿組合的位置（如某星在某州或某宮某度）付予某種吉凶意義，并據之以推演，例如歲星（木星）、月將（某月太陽所躔之宮次）等。不過，由於不同的古代曆法推步的誤差及歲差的問題，若干年後，其術數所用之星辰的位置，已與真實星辰的位置不一樣了；此如歲星（木星），早期的曆法及術數以十二年為一周期（以應地支），與木星真實週期十一點八六年，每幾十年便錯一宮。後來術家又設一「太歲」的假想星體來解決，是歲星運行的相反，當時沈括提出了修正，但明清時六壬術中「月將」仍然沿用宋代沈括修正的起法沒有再修正。

由於以真實星象周期的推步術是非常繁複，而且古代星象推步術本身亦有不少誤差，大多數術數除依曆書保留了太陽（節氣）、太陰（月相）的簡單宮次計算外，漸漸形成根據干支、日月等的各自起例，以起出其他具有不同含義的眾多假想星象及神煞系統。唐宋以後，我國絕大部分術數都主要沿用這一系統，也出現了不少完全脫離真實星象的術數，如《子平術》、《紫微斗數》、《鐵版神數》等。後來就連一些利用真實星辰位置的術數，如《七政四餘術》及選擇法中的《天星選擇》，也已與假想星象及神煞混合而使用了。

隨着古代外國曆（推步）、術數的傳入，如唐代傳入的印度曆法及術數，元代傳入的回回曆等，其中我國占星術便吸收了印度占星術中羅睺星、計都星等而形成四餘星，又通過阿拉伯占星術而吸收了其中來自希臘、巴比倫占星術的黃道十二宮、四大（四元素）學說（地、水、火、風），並與我國傳統的二十八宿、五行說、神煞系統並存而形成《七政四餘術》。此外，一些術數中的北斗星名，不用我國傳統的星名：天樞、天璇、天璣、天權、玉衡、開陽、搖光，而是使用來自印度梵文所譯的：貪狼、巨

門、祿存、文曲、廉貞、武曲、破軍等，此明顯是受到唐代從印度傳入的曆法及占星術所影響。如星命術中的《紫微斗數》及堪輿術中的《撼龍經》等文獻中，其星皆用印度譯名。及至清初《時憲曆》，置閏之法則改用西法「定氣」。清代以後的術數，又作過不少的調整。

此外，我國相術中的面相術、手相術，唐宋之際受印度相術影響頗大，至民國初年，又通過翻譯歐西、日本的相術書籍而大量吸收歐西相術的內容，形成了現代我國坊間流行的新式相術。

陰陽學——術數在古代、官方管理及外國的影響

術數在古代社會中一直扮演着一個非常重要的角色，影響層面不單只是某一階層、某一職業、某一年齡的人，而是上自帝王，下至普通百姓，從出生到死亡，不論是生活上的小事如洗髮、出行等，大事如建房、入伙、出兵等，從個人、家族以至國家，從天文、氣象、地理到人事、軍事，從民俗、學術到宗教，都離不開術數的應用。我國最晚在唐代開始，已把以上術數之學，稱作陰陽（學），行術數者稱陰陽人。（敦煌文書、斯四三二七唐《師師漫語話》：「以下說陰陽人謾語話」，此說法後來傳入日本，今日本人稱行術數者為「陰陽師」）。一直到了清末，欽天監中負責陰陽術數的官員中，以及民間術數之士，仍名陰陽生。

古代政府的中欽天監（司天監），除了負責天文、曆法、輿地之外，亦精通其他如星占、選擇、堪輿等術數，除在皇室人員及朝庭中應用外，也定期頒行日書、修定術數，使民間對於天文、日曆用事吉凶及使用其他術數時，有所依從。

我國古代政府對官方及民間陰陽學及陰陽官員，從其內容、人員的選拔、培訓、認證、考核、律法監管等，都有制度。至明清兩代，其制度更為完善、嚴格。

宋代官學之中，課程中已有陰陽學及其考試的內容。（宋徽宗崇寧三年〔一一零四年〕崇寧算學令：「諸學生習……並曆算、三式、天文書。」「諸試……三式即射覆及預占三日陰陽風雨。天文即預

定一月或一季分野災祥，並以依經備草合問為通。」

金代司天臺，從民間「草澤人」（即民間習術數人士）考試選拔：「其試之制，以《宣明曆》試推步，及《婚書》、《地理新書》試合婚、安葬，並《易》筮法、六壬課、三命、五星之術。」（《金史》卷五十一・志第三十二・選舉一）

元代為進一步加強官方陰陽學對民間的影響、管理、控制及培育，除沿襲宋代、金代在司天監掌管陰陽學及中央的官學陰陽學課程之外，更在地方上增設陰陽學課程（《元史・選舉志一》：「世祖至元二十八年夏六月始置諸路陰陽學。」）地方上也設陰陽學教授員，培育及管轄地方陰陽人。（《元史・選舉志一》：「（元仁宗）延祐初，令陰陽人依儒醫例，於路、府、州設教授員，凡陰陽人皆管轄之，而上屬於太史焉。」）自此，民間的陰陽術士（陰陽人），被納入官方的管轄之下。

至明清兩代，陰陽學制度更為完善。中央欽天監掌管陰陽學，明代地方縣設陰陽學正術，各州設陰陽學典術，各縣設陰陽學訓術。陰陽人從地方陰陽學肄業或被選拔出來後，再送到欽天監考試。（《大明會典》卷二二三：「凡天下府州縣舉到陰陽人堪任正術等官者，俱從吏部送（欽天監），考中，送回選用；不中者發回原籍為民，原保官吏治罪。」）清代大致沿用明制，凡陰陽人被選拔出來後，再送到欽天監及地方陰陽官員管理、培訓、認證。至今尚有「紹興府陰陽印」、「東光縣陰陽學記」等明代銅印，及某縣某某之清代陰陽執照等傳世。

清代欽天監漏刻科對官員要求甚為嚴格。《大清會典》「國子監」規定：「凡算學之教，設肄業生。滿洲十有二人，蒙古、漢軍各六人，於各旗官學內考取。漢十有二人，於舉人、貢監生童內考取。附學生二十四人，由欽天監選送。教以天文演算法諸書，五年學業有成，舉人引見以欽天監博士用，貢監生以天文生補用。」學生在官學肄業、貢監生肄業或考得舉人後，經過了五年對天文、算法、陰陽學的學習，其中精通陰陽術數者，會送往漏刻科。而在欽天監供職的官員，《大清會典則例》「欽天監」規定：「本監官生三年考核一次，術業精通者，保題升用。不及者，停其升轉，再加學習。如能黽

勉供職，即予開復。仍不及者，降職一等，再令學習三年，能習熟者，准予開復，仍不能者，黜退。」

除定期考核以定其升用降職外，《大清律例》中對陰陽術士不準確的推斷（妄言禍福）是要治罪的。

《大清律例・一七八・術七・妄言禍福》：「凡陰陽術士，不許於大小文武官員之家妄言禍福，違者杖一百。其依經推算星命卜課，不在禁限。」大小文武官員延請的陰陽術士，自然是以欽天監漏刻科官員或地方陰陽官員為主。

官方陰陽學制度也影響鄰國如朝鮮、日本、越南等地，一直到了民國時期，鄰國仍然沿用着我國的多種術數。而我國的漢族術數，在古代甚至影響遍及西夏、突厥、吐蕃、阿拉伯、印度、東南亞諸國。

術數研究

術數在我國古代社會雖然影響深遠，「是傳統中國理念中的一門科學，從傳統的陰陽、五行、九宮、八卦、河圖、洛書等觀念作大自然的研究。……傳統中國的天文學、數學、煉丹術等，要到上世紀中葉始受世界學者肯定。可是，術數還未受到應得的注意。術數在傳統中國科技史、思想史，文化史、社會史，甚至軍事史都有一定的影響。……更進一步了解術數，我們將更能了解中國歷史的全貌。」（何丙郁《術數、天文與醫學中國科技史的新視野》，香港城市大學中國文化中心。）

可是術數至今一直不受正統學界所重視，加上術家藏秘自珍，又揚言天機不可洩漏，「（術數）乃吾國科學與哲學融貫而成一種學說，數千年來傳衍嬗變，或隱或現，全賴一二有心人為之繼續維繫，賴以不絕，其中確有學術上研究之價值，非徒癡人說夢，荒誕不經之謂也。其所以至今不能在科學中成立一種地位者，實有數因。蓋古代士大夫階級目醫卜星相為九流之學，多恥道之；而發明諸大師又故為惝恍迷離之辭，以待後人探索；間有一二賢者有所發明，亦秘莫如深，既恐洩天地之秘，復恐譏為旁門左道，始終不肯公開研究，成立一有系統說明之書籍，貽之後世。故居今日而欲研究此種學術，實一極困難之事。」（民國徐樂吾《子平真詮評註》，方重審序）

現存的術數古籍，除極少數是唐、宋、元的版本外，絕大多數是明、清兩代的版本。其內容也主要是明、清兩代流行的術數，唐宋或以前的術數及其書籍，大部分均已失傳，只能從史料記載、出土文獻、敦煌遺書中稍窺一鱗半爪。

術數版本

坊間術數古籍版本，大多是晚清書坊之翻刻本及民國書賈之重排本，其中豕亥魚魯，或任意增刪，往往文意全非，以至不能卒讀。現今不論是術數愛好者，還是民俗、史學、社會、文化、版本等學術研究者，要想得一常見術數書籍的善本、原版，已經非常困難，更遑論如稿本、鈔本、孤本等珍稀版本。在文獻不足及缺乏善本的情況下，要想對術數的源流、理法、及其影響，作全面深入的研究，幾不可能。

有見及此，本叢刊編校小組經多年努力及多方協助，在海內外搜羅了二十世紀六十年代以前漢文為主的術數類善本、珍本、鈔本、孤本、稿本、批校本等數百種，精選出其中最佳版本，分別輯入兩個系列：

一、心一堂術數古籍珍本叢刊

二、心一堂術數古籍整理叢刊

前者以最新數碼（數位）技術清理、修復珍本原本的版面，更正明顯的錯訛，部分善本更以原色彩色精印，務求更勝原本。并以每百多種珍本、一百二十冊為一輯，分輯出版，以饗讀者。

後者延請、稿約有關專家、學者，以善本、珍本等作底本，參以其他版本，古籍進行審定、校勘、注釋，務求打造一最善版本，方便現代人閱讀、理解、研究等之用。

限於編校小組的水平，版本選擇及考證、文字修正、提要內容等方面，恐有疏漏及舛誤之處，懇請方家不吝指正。

心一堂術數古籍　珍本　叢刊編校小組
　　　　　　整理　叢刊
二零零九年七月序
二零一四年九月第三次修訂

史仲宏
丁孟章 兩先生秘傳

羅經消納正宗

余嘗觀羅經一書。汗牛充楝千人千術各相矛盾。坐穴者或用

以秉氣消納者或用以格龍離遁支吾全無定法彼是此非喙

喙爭鳴令觀者終迷庚癸難以究其音歸無淺辯其譌謬而明

史丁二公合纂正宗一書復出考覈精當詳明七十二向穿山

透地四吉三奇官貴祿馬五行闢然度數吉凶陰陽差錯星辰

暗伏五行清奇典不具備前賢要旨較此列眉展卷瞭然是非

別白。繁不苦於望洋簡不病於滲漏真消納山水之金鏡也此

二公昔時為人營宅卜葬無不響應証、有攄余螺絲文在皖

堪與遍訪此書得同道中附來示余閱參欣然有得真乃撥露

覩青天矣復有何辯得之不易故特舉筆錄之以正藏之拾家

勿視庸流後之子孫有能同志者珍之寶之

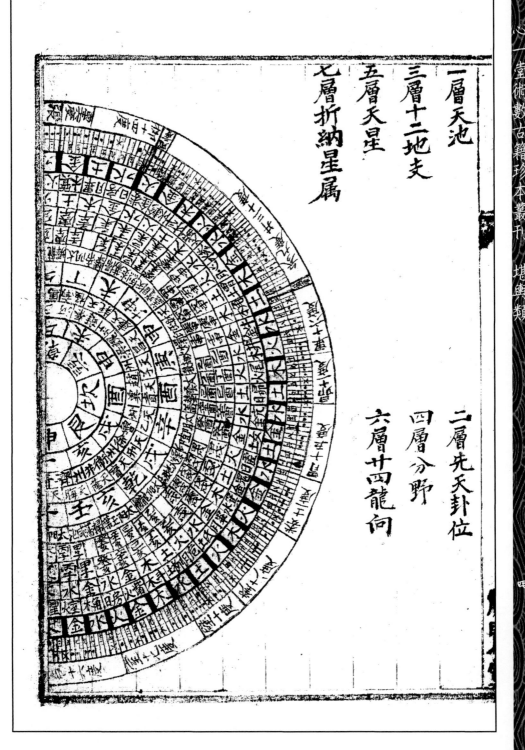

一層天池

三層十二地支

五層天星

七層折納星屬

二層先天卦位

四層分野

六層廿四龍向

八層順排之十二穿山水法

十層納音五行

十二層宿度五行

十四層度數吉凶

九層順排六十龍透地分金

十一層飛禽宮位

十三層二百六十度數

十五層度數

史公原序

羅經七十二龍本九天玄女所授赤松子之秘文也赤松子授

黃石公。黃石公授張子房遂失傳為厲後葛雅川遊至匡山遇

左宮太乙真人以此授之戒之曰天機玄秘慎勿輕洩歸盛以

錦囊所載者即混天局尖明大照圖是也晉郭璞從葛仙翁得

青囊及此傳之秘因作葬經貞觀間河東聞喜丘隱公講此書

於民間杆葉立宅屢有星氣之應太史卜之曰聞喜有天子氣

遣使按之督郡縣掘地脈捕隱公至闕下救其飛勑禁此書藏

於瓊林庫中尤憲有孤行僧一行撰銅函經滅蠻夷變

化穿山透地次序隱其實者僅存二十四位羅經立宗廟五行

傳世黃巢之亂車駕播遷寶藏失守國師楊筠松益此書遁江

右為人間極團乏因此救貧名天下一傳而得曾文迪再傳而

得小曾求巳三傳而得吳頗四傳而得吳景鸞大行有衆誣封

國師景鸞無嗣一女為張倅妻倅遷廣州守臨岐泣下夫人問

之曰是不利於官凡遊兹土者多死亡耆因自悲耳夫人曰此

必治基之禍也召名師覘之廖禹初學時往應為按府治辛酉

行龍坐乾向巽前午水来朝謂夫人曰作樵樓以逅之

闭门卯酉方居官無恙夫人嘆曰有子傳子無子傳賢無賢無

子抱書而葬非失國師之言手没後而有廖禹可謂賢矣啓父

棺取書授之遂得遍行海内鸞時禹傳之丁應星應星傳之譚

公譚公傳之吳舜舉舜舉傳之劉師文師文傳之金芝孫芝孫

傳之黃仲理仲理傳之程義剛繼義剛則有劉時輝繼時輝者

則有子應奇繼應奇者則顧乃德繼乃德者則何震儒繼震儒

者則為沈公子昇繼沈公者即余受業師也師研窮神化廣演

圖局口授是書條分縷悉不涉疑似以貽後人藥出金鍼苦心

滴滴嗚呼斯道之明賴有傳人予既立雪師門親聆指教敢不

為彰往緒詔來學乎哉

明史自成仲宏氏撰

丁孟章公原序

余初學地理時、與先輩周旋、多用宗廟五行、二十四位羅經沿

習日久、遍相俎豆、初不知為欺世之文也、匪予師沈公昌明絕

學、發揮真吉、宇宙不幾長夜哉、夫二十四山取以配二十四氣

也、七十二龍取以配七十二候也、十二支以按十二時、八干以

合八節、四維以合四時也、夫人而知之也、為問司天地造化之

機、操陰陽禍福之柄、收四山之吉、發三奇之水、審官貴祿馬之

方位、推五行關殺之度數、避陰陽之差錯、去星辰之暗伏、取五

行之清奇、將於何辨之乎、蓋七十二龍分佈甲子五行星宿、於

十二支神之下、各占五位、其八干四維正中、即陰陽差錯之位

介在懸虛各無六甲五行星曜之司而先天甲子淺七十二龍

中分別而秉之以應周天歲月日時之數以觀星辰之住處以

察節候之淺深則八干四維皆有星辰管攝而吉凶消納即于

是乎辨之此收山坐穴必以七十二龍為主先天透地納者為

用萬世不易之理也何師心自用者謬執二十四位宗廟五行

以定向立宅徑以窗吉而凶窗凶而吉何啻圓鑿方內之懸殊

其至紛挐滋蔓又以一百二十一位分金為窗餽飫不已鉏錯

愈遠古謬山水自語良非過激嗚呼何其辨之不早辨也以余

所聞郭景純葬經曰朝於生旺流於休囚澤於將襄如庚子土

山見坤申水朝立見發福壬子木山見坤申水朝立見致禍非

朝生旺耶、名山大邑龍穴多係庚子土山、水去東南巽巳、多發

富貴非流拾死絕耶、又曰坎山流水向東南、妙訣時師怎得知

天上禄存人不識貪狼流水尚孤寡兼言丙子水山亦愛流南

離之位也又曰壬山流水喜東南蓋亥山之下分五亥惟丁亥

癸亥二山水向東南應出制府未可以東南槪諸亥也以余所

見沈公為李尚書建府作辛山乙向巽水來朝以世傳羅經論

之係禄存入朝應主凶禍李乃朱紫盈門為張氏立庠城寅山

申向坤水流去以世傳羅經論之流破貪狼宣能致福張則不

數年三子俱登賢書柳知李宅雖辛山乙向而坐辛中之甲戌

巽水為天上之武曲也、張墓雖寅山申向而坐寅中之庚寅坤

水為天上之祿存也所是若彼所聞若彼彼消納有不如揬勞取

用有不若嚮應者乎宗廟五行盡失先天之音又何怪乎其不

聽也夫五行有內有外正五行外也納音五行內也猶人之外

有肌膚內有臟腑也臟腑調斯百病不作肌膚自潤此理之必

然者也七十二龍有貴有賤有興有敗凶龍消納得氣亦主富

貴吉龍消納失氣亦致災傷又理之不可易者也明乎此而統

以先天納音五行定興旺衰以列宿之躔次分界限趨凶中之

吉避吉中之凶神而明之思過半矣雄然猶有慮二十四山譬

若祖宗也六十分金坐穴譬若父母也三百六十度譬若諸子

也四吉三奇官貴祿馬譬若賓路之權貴也刑傷尅殺譬若當

逢之寇盜也萃祖宗父母諸子之榮受權貴之庇佑避寇盜之

侵凌貧賤者可致富貴夭折者可致遐齡此奪神功改天命之

玄機也倘邀祖宗之榮而父母諸子之不振刑殺寇盜之不避

奇吉官貴祿馬之不臨有禍不旋踵覆宗絕嗣者可不懼哉嗟

乎著書日繁僞易亂真趨舍異路抱此守先待後之訣不獲悲

諸肓瞉而耳目之是則予之所大痛也因取是書讐校錄之以

藏扵家

合篡真傳羅經消納正宗

潛邑天柱儲孝則弘中氏撰述

史公七十二穴山水法

丁公六十透地分金法　　二公秘訣合一

壬山丙向偏子午坐甲子穿山宮位天魁金星官局

穿山玅訣有誰題　　甲子天罡細論之

早攀丹桂上雲梯　　舉薦得人家致富

如山坐甲子向對甲午金山金向喜乙與丙水未朝與辛庚坤

水交會於午從午丁之玄流去乙為三奇祿馬巽為四吉貪

狼坤辛庚為武曲午為御溝捍門加之真龍貴裕七年便發

已酉丑年愈盛、十三、十八年登科、三十六年賣顯、一代大發、

富貴双金、後代次之、盖金臨死地、力微然也。水若過丁去

坤、流傷冠帶、五十年內裏敗若午丁反来巽反流去、来犯文

曲、去破貪狼、主滛邪官訟外遊少亡、

甲子透地納音金龍、罷禽角木蛟臨宮。乙辰為明龍、宜圓峯

上坤申為天祿、宜星峯巍峩勢、高聳為。丙午為官祿、宜儿棠前横案

格坤申為天祿、宜星峯巍峩勢、高照為上。丙午為官祿、宜儿棠前横案

朝其餘以有情為主諸星應位、水流午丁去、主出神童子孫

端其餘以有情為主諸星應位、水流午丁去、主出神童子孫

富貴。若此龍入首、主青石黃砂馬骨土、

此龍自危宿十度以至危宿十五度止、危十五度屬水係陰

陽差錯之度、文值閉穀、主瘋癲跛足、蛇傷虎咬、危十四度

屬水黑道凶星吉度大凶、危十三度屬水係正壬與甲子

斗山分界之度不取、危十二度屬水係體生用因金死在

斗體本無氣再加水度泄之必主淫亂少亡、危十一度屬

水幸倚金度體將得氣主平安發福、危十度屬金體用合

氣又值吉星守度主子孫聰明、出富出貴定產神童一舉登

科

于山午向偏壬丙坐丙子穿山宮位進氣水星當局、

進氣龍宮福有餘、　為臣貴極却非虛、　文章秀氣人中瑞、

倚頓田園遍里閭。

如山坐丙子、向對丙午水山水向、喜庚坤水來流巽去、庚為貴

人坤為四吉丁為三奇丙為門旗巽為御街水出巽位去則

左边槌鼓禄馬自然上街加之真龍貴格九年便癸十七年

登科二十四年高陞三十年貴為朝中大臣廣進外州田地

代代及第富貴綿遠水若過巽去甲初六年不利盖甲係

本宮禄馬謂水冲禄位馬不上街甲巽卯同宮卯數六故主

六年不利。若左水倒右主雷傷自縊產難訟禍敗絶。

丙子透地仍音水龍飛禽室火猪臨宮。丙子為應龍宜峯圓

端秀艮寅為右弼辰乙為太陽戌辛為食禄秀震近宜低阜三星遠宜高聳朝

雄昴申坤為紫微宜端高拔裴諸星應位水流巽去主科甲狀元。

若俟此龍入首主白青泥潤土

此龍自危宿四度至危宿九度止、危

印綬應主富貴　危八度屬金、係甲子丙子穿山分界之度

雖吉不取　危七度屬金主人丁財富綿遠　危六度屬金

喜度生體、又臨旺地又值金魁吉星守度主先富後貴子

孫聰明蔭狀元科甲顯爵、危五度屬金四度屬木俱犯関

殺主訟事刑杖加身子孫殘疾

子山午向正坐戌子穿山宮位廣德火星管局、

廣德龍宮福最殊、　銀餅玉盃富田廬、　金章紫綬多榮貴、

一舉成名定國謨、

如山坐戌子向對戌午、火山火向喜巽丙丁水來朝、流坤庚辛

九度屬金用生體、謂之

危九度屬金

危六度屬金

乾去巽丙為文曲，丁為槌為貴人坤為鼓，辛為祿馬門旗乾

為御街加之真龍貴格五年大發寅午戌年愈盛十八年高

科二十六年三十五年位至公卿發福綿遠水若反流丙巽

去主破敗離鄉

戌子透地納音火龍飛禽星日馬臨宮〇午為少微末為佐輔

二星宜申為右弼遠宜巳為天祿宜高峯辰為食祿宜遠此龍

高秀秀麗豎秀麗

翻身逆結者真多無下臂巽柾云翻身逆勢去迎朝不怕八

風搖諸星應位水流乾去主出公族兄弟同科文武雙全〇

若此龍入首主黃砂馬骨石

此龍自虛宿七度至危宿三度止，危三度屬木，係丙子戊子

穿山分界之度不取　危二度屬木　木臨坎水之宮　木資水

生而氣足　火得木生而愈旺　誠水火既濟　起死回生　又值吉

星宇度應出公候鄉相文武科甲富貴綿遠　危一度屬木

用生體亦出富貴　虛九度屬木　八度屬土　木土相尅謂之

関殺仇度主瘵病尅妻離鄉乞丐　虛七度屬土　係戊子庚

子穿山分界之度不取

子山午向偏癸丁　坐庚子穿山宮位　廣壽土星官局

廣壽龍宮福最宜　此孫管取著紫衣　百年萬載人丁旺

奕世穀明達帝畿

如坐山庚子向對庚午土山土向喜辛戌庚坤水朝流丙巽去

辛為馬庚為貴人坤為四吉丁為三奇丙為門旗巽為御街

加之真龍貴格九年便發申子辰年愈盛十七二十四年出

貴三十年官爵顯九代英雄房房興旺富貴長壽○水流坤

庚去流破貪狼主黃腫災禍少亡

庚子透地納音土龍飛禽牛金牛臨宮○午丁為應龍宜峯員

朝秀寅甲為右弼辰巽為太陽戌乾為食祿三星宜遠高聳

震申庚為紫微宜端秀諸星應位水流巽去主大富大貴○

形戌申庚為紫微宜高聳諸星應位水流巽去主大富大貴○

若此龍入首主白砂夾石土

此龍自虛宿一度至虛宿六度止虛六度五度四度俱屬土

喜體用同氣土臨旺宮四五度又值吉星守度應出科甲魁

宜峯員品落遠

三星宜遠高聳秀麗近宜低阜

元富貴顯達、五馬玉堂之職。震三度屬土、二度屬木水土
戰尅謂之関殺、主孤寡、二度又保庚子壬子分界之度、屬
一度屬水體尅用謂之財帛、人丁興旺、財穀豐足、
癸山子向偏子午、坐壬子穿山宮位、廣富木星管局
迺倉迺積勝陶朱、
龍稱廣富信非誕　目下徑營已自殊。興日身榮家益裕。
如坐山壬子向對壬午木山木向喜、甲乙水朝流坤去、甲為武
曲乙為槌馬貴人、巽為鼓、丙為祿馬丁為旗坤為御街加之
真龍貴格、八年便發亥卯未年愈盛、十七年出貴二十八年
富貴双全若水流庚辛去、三奇四吉不能到街福漸不堅若

流丙巽去為半吉富而不貴若流戌乾乙甲去冲破生旺主

鰥寡喑啞瘋疾盜賊

壬子透地納音木龍飛禽參水猿臨宮○未坤為太陽宜遠山小峯疊

辰巽為佐輔宜高乙丙為右弼午丁為騰雲二星申庚為宜遠

驛馬重重諸砂應候水流坤去主出公侯富貴高壽○若

係此龍入首主粉白黃泥襍石土

此龍目女宿六度至女宿十一度止女十一度十度俱屬水

水臨旺地又會水禽疊之生體乞氣旺盛主子孫蕃衍先富

後貴女九度屬水又值吉星守度較之上二度更盛遇上

等之龍定出科甲公卿伯中等之龍亦應巨富顯貴女

八度屬水、係壬子與正癸穿山分界之度不取。女七度屬

金用雜剋體、喜水禽泄用生體、金遂貪生忘剋、水禽能解木

星之剋矣。　天貴吉星守度應出符相顯貴但發不久。女

六度屬金、係陰陽差錯之度主孤寡壽夭、駁雜殘疾、

癸山丁向坐正癸穿山宮位、正祿星官局、

正祿穿山却最亨。　子孫智武浮功名。　修文也有人中傑。

胸懷全才統萬兵

如山坐正癸向對正丁係子午分界為陰陽差錯之位、古語云、

癸雖然好後代應難保一代便換姓生女不生男果遇真龍

貴格、乾甲丁峰挨翠辛庚坤拱端嚴再見甲乙與水來朝流

坤申庚去宜稍偏右、坐壬子透地、將近壬子穿山、借木局收

水合祿馬貴人上街、能出將相顯貴十七二十六年應、亥卯

未年旺、蓋此宮木氣不深福漸不久、一代後離鄉、二三代後

便絕、水流丙去次之、若誤坐乙丑透地、主徒流自縊敗絕、水

反亦然、右二度半載前主子透地宮內、只女七度能出貴不

冬、左二度半載後乙丑透地宮內、只女四度衣食豐足必水

去午丁、若埔庚去大凶。

癸山丁向薰丑未坐乙丑穿山宮位、金福金星官局。

金福龍宮最得宜。　金銀倉庫旺孫兒。　其中定有君王寵。

代～恩榮勅印歸。

如山坐乙丑向對乙未金山金向喜乙巽丙水来朝與辛庚坤

水交會於午從午丁之玄流去乙為三奇祿馬巽為四吉辛

為貴人坤庚為武曲午為御溝大開明堂加之真龍貴格四

年便發七年大富九年十一年十五年高科及第位至三公

富貴綿遠房分興隆若水流破生旺方去主忤逆殺傷少

凶孤寡

乙丑透地納音金龍飛禽亢金龍臨宮○丁未為食祿宜端圓

明為與巳為紫微插筍為上庚酉為少微微峯配餘以有情

上宜高聳如巽與紫秀麗特

端麗為至諸星應位水流午丁之玄流去主大富聰明科第

○若係此龍入首主紫白祿石士

此龍自牛宿七度、至女宿五度止。　女五度屬金、係陰差陽錯
之度。主孤寡聾啞缺唇。女四度屬金、喜體用罷禽一氣、主
衣食豐足若水流坤庚去、主徒流自縊。女三度屬金、係正
癸與乙丑穿山分界之度、又犯閼殺不吉不取。女二度屬
木、值閼殺主子孫襄弱壽夭。　女一度屬木、體剋用謂之財
帛主先富後貴子孫昌旺。　牛七度屬木、又值吉星守度主
富貴綿遠屢世科甲位居正卿侍郎之職。
丑山未向兼癸丁、坐丁丑穿山宮位、金庫水星管局。
穴宜金庫位宮中。　世享榮華葢此龍。杆遇有緣真貴顯。
定由科甲受皇封。

如山在丁丑向對丁未水山水向喜庚坤水朝流丁丙巽去庚

為貴人坤為四吉丁丙為三奇丙為門旗巽為御街古云小神

入中神中神入火神奇吉御街去天下盡開名加之真龍貴

格九年便發申子辰年愈盛十七年出貴二十四年職位高

遷貴至公矣七代聯科及第富貴薰全　若水不到街去富

而不貴貴而不顯水倒石去流破貪狼主忤逆敗絕

丁丑透地納音水龍飛禽壁水偷臨宮　○未丁為三奇明龍峯宜

秀高聳亥乾為天祿宜体勢巍郍甲為騰雲近宜低阜軒昂

侵雲　　遠宜高峯護衛

已巽為驛馬酉庚為天祿二星宜遠諸星應位水流巽吉主

滿門官貴人丁興旺　若保此龍入首主黃赤黑石土

此龍自牛宿一度至牛宿六度止　牛六度屬木体生用謂之

福德子孫長壽仁慈孝友富貴兼全　牛五度屬木係乙丑

丁丑穿山分界之度不取　牛四度屬木三度屬土木土相

剋謂之関殺主癆病少亾官訟　牛二度屬土水固畏土而

此土幸坐於牛宿之中牛宿本体屬金則土為金之甘水之

祖也不但不剋体反補宿生体乃為一家眷屬且有水禽扶

助又值吉星守度應出侍從尚書代々科甲人々聰俊　牛

一度屬土主富貴綿々人丁茂盛

丑　山　未向正在巳丑穿山宫位遊殺火星官局

遊龍宫位主流離　疾病纏身不可醫　定出武官遭殺戮

兒孫從此必傾危。

如山坐巳丑向對巳未火山火向古云走馬搖頭三尺人五凶。

三吉不利身若能明得曾楊訣便是曾楊再復生此宮火殺

最烈本山多吉少若果龍真穴的與丙丁水來朝流庚辛乾

去巽丙為武曲丁為槌坤為敲辛為祿馬門旗乾為御街所

謂祿馬帶旗上街遇殺暈主出武將五年便發寅午戌年大

旺十八二十四年出武官五十年內主離鄉殺戮一代顯荣

後主蕭條水反火凶

巳丑透地納音火龍飛禽張月鹿臨宮○巳為天祿宜峯酉為

騰雲宜遠峯亥為驛馬卯為官祿阜雄昂未為左輔峯如

笋揮天莊　諸星應位水流乾去主一代武將威嚴發福不能

嚴秀麗

父遠。若係此龍入首主紫紅潤色土

此龍自斗宿十八度至斗宿二十三度止　斗二十三度屬土

係丁丑巳丑穿山分界之度不取、斗二十二度屬土為福

星慶吉龍真發福　斗二十一度屬土二十度屬火俱值空

亡、主缺唇齙目刑傷　斗十九度屬火体用一氣又係天貴

吉星守慶主一代武貴顯榮若有屍山塞水口定遭殺戮無

屍山善終　斗十八度屬火係巳丑辛丑穿山分界之度不

取

丑山未向兼艮坤坐辛丑穿山宮位金印土星晉局、

印龍司馬職高崇。征伐行兵志氣雄。惟幄運籌堪定國。

貔貅百萬鎮蠻戎。

如山坐辛丑向對辛未土山土向喜庚坤水朝流丁丙巽去庚

為貴人坤為四吉丁為三奇丙為門旗巽為御街水出巽方

則祿馬樞諴自熙到街星辰入廟加之真龍貴格主子孫聰

俊多登金榜文出狀元天官武出將軍掌握兵權再加辛乾

水來會局更美四九年便發甲子辰年愈盛七十年出貴二

十四年職顯九代興隆房。大旺左水倒右大凶如水去乙

則祿馬不能到街出貴次之。

辛丑透地納音土龍飛禽女土蝠臨宮。未坤為三奇明龍宜高

秀接亥壬為天禄宜星体巍峨乙為騰雲巳丙為驛馬辛酉為

三星遠宜巋秀端　高聳

官禄震近宜低阜雄晶　諸星應倍水流巽去主科第滿門大

富大貴　○若保此龍入首主大碩石古穴可用工鑿去或主

黄泥土

此龍自斗宿十二度至斗宿十七度止　斗十七度屬火用生

体謂之印綬主富貴雙全　斗十六度屬火值師旅吉星守

度女土飛禽入廟文應狀元待即尚書武出將軍統領兵權

綿々不絶々斗十五度屬火亦應科甲綿々斗十四度屬

木用剋体主刑傷少凶敗絶　斗十三度屬木保辛丑癸丑

穿山分界之度々不吉不取　斗十二度屬火用生体謂之福

神主富貴出五馬八座之職

艮山坤向兼丑未坐癸丑穿山宮位、天壽木星管局、

壽星龍貴轉興隆。一舉成名入帝宮、若是九星同八庙。

兒孫代：產英雄。

如山坐癸丑向對癸未木山木向喜乾乙水朝流坤之玄而去

乾為四吉辛為三奇乙為䲴巽為䃼丙為祿馬丁庚為門旗

坤為御街加之真龍貴格六年便發亥卯未年愈盛八年十

一年十五十七年出貴二十六年家無白丁爵祿顯貴大發

五代房：均勻古云、將相公矦寧有種王帶此龍正相當右

水倒左丁丙去貴而不富左水倒右庚去富而不貴若當面

有水来朝、大凶

癸丑透地納音木龍、飛禽井木犴臨宮、○巽厲為左輔 宜奇峯高出於

眾坤未為太陽 宜遠峯戌乾為明龍 宜高酉辛為應龍巳丙 端朝 拱

為石獬豸 宜遠 諸星應位水流坤去主公侯顯職富貴双全○

若係此龍入首主石壇及細石乳用工鑿去另挑土為堂莁

此龍自斗宿六度至斗星十一度止斗十一度屬火體生用

謂之福德又值吉宿守度主大富大貴文武魁元公侯卿相

子孫孝義 廿十度屬火應縣令之職 斗十九度屬火又 出

值吉星守度主出聰明高科顯貴 斗八度屬火係癸丑正

艮穿山分界之度又犯關殺多出少亡孤寡 斗七度屬金

犯開殺遇金殺最重、主凶禍敗絶、斗六度屬金係陰差陽

錯之度用又尅体、主睹愽官訟、孤寡刑傷敗絶、

艮山坤向坐正坤穿山宮係天文星官局、

天星位上損文星、一代兒孫便絶根、傳與時師湏記取、

不可輕茡安安墳。

如山坐正艮向對正坤、係丑寅分界陰陽差錯之位、若果龍真

見庚坤水朝流巽去、稍偏左坐甲寅透地、借水局取論主一

代富貴申子辰年大發、水反大凶、主絶、右二度半載前癸丑

透地宮内度俱不吉、左二度半載後甲寅透地宮内只斗四

度、主大發一代、

十二

艮山坤向兼寅申、坐甲寅穿山宮位、天慶水星管局、

天慶之星福不殊。　更看龍脉勢何如。　若是九星來相應。

須教及第至中書。

如山坐甲寅向對甲申水山水向宜寬濶明堂池聚聚水、喜壬
湖
乾水來與庚坤水會合流丁丙巽去壬乾為武曲辛為馬庚
為貴人坤為四吉丁為三奇丙為門旗巽為御街加之真龍
貴格四九年便發甲子辰年愈盛十七二十四年出貴三十
三十五年貴入中書代：富貴若午酉二宮有一水來遇堂、
主飄蕩離鄉産難自縊忤逆敗絶。
甲寅透地納音水龍飛禽鬼金羊臨宮、〇坤申為四吉紫微尖宜

秀端、乙辰為太陽、宜低阜、辛戌為食祿、宜威嚴、丙午為應龍、

朝、雄昂、宜體格、

宜遠山小峯、壬子為少微、宜擇諸偉應位、水流與去、主屢世

疊、高拱、護、

高科。若此龍入首、主襟色馬骨、砂石青坭土

此龍自箕宿九度至斗宿五度止、斗五度屬金、係陰差陽錯

之度主聲啞少亡孤寡癆病、斗四度屬金、用生体謂之印

綬体雜病幸喜金禽金度重、生扶主大發一代、斗三度

屬金、係正艮與甲寅穿山分界之處、斗二度屬金、為補天

印綬主衣食豐足小貴、斗一度屬水、体用一氣又值生氣、

吉星守度主世。高科出仕富貴綿遠、第九度屬水、市体

用同氣、只少吉星守度、主發福稍遲先貧後富貴

寅山申向兼艮坤坐丙寅穿山宮位、天崇火星官局、

天崇龍位實榮華。又見文星五馬誇。奇特文章呈錦繡。

盈門朱紫佐皇家。

如山坐丙寅向對丙申火山火向喜巽丙丁水来朝流庚辛乾

去巽丙為武曲丁為槌坤為敲辛為祿馬門旗乾為御街右

云旗同祿馬上街来五馬貴人逞英才加之真龍貴格五年

便發寅午戌年愈盛十一十八年出貴二十六年打鼓迎官

誥代之富貴房之興隆九代榮顯文武兼全若水流丙巽法

主火灾軍賊敗亡

丙寅透地納音火龍飛禽氐土貉臨宮。〇坤申為右弼、宜遠峯

如頓旗

為上壬子為應龍宜遠聳秀峯叅天

丙午為武曲少微宜高拱諸星應位水流乾去主文武科甲

辛戌為太陽乙辰為食祿遠高峻二峯宜

○若此龍入首主赤砂馬骨土石或赤土而燥

此龍係箕宿三度至箕宿八度止 箕八度屬水用雞對体喜

休旺用衰又有土禽制伏亦能發福而小疵亦有 箕七度

屬水係丙寅甲寅穿山分界之度不取 箕六度屬水五度

屬土俱犯闘殺多壽天刑妻 箕四度屬土為福德又值吉

星守度主富貴壽考青年文武科第 箕三度屬土主富貴

人丁興旺

寅山申正向坐戊寅穿山宮位天貴土星晉局

星臨天賦萬山宗。　代、為官富石崇。金紫滿朝誰得似

兒孫及第至三公。

如山坐戊寅向對戊申土山土向喜坤庚水朝流丙巽去再加

壬乾水来會局更吉庚為貴人、坤為四吉丁為三奇丙為門

旗與為御街加之真龍貴格四九年便簽、申子辰年愈盛十

七年出貴二十四年高遷九代大簽、祿福綿、若左水倒右

大凶、

戊寅透地納音土龍飛禽金木狼臨宮。○申為四吉紫微峯宜尖

聳端　辰為太陽戊為食祿二星宜体勢威嚴宜小

朝　　午為應龍峯宜遠高近低為七

眷子為少微　宜聳讓　諸星應位、水流與去主屢世高科先富

貴子為少微成形

後貴。○若係此龍入首主黃砂帶黑馬骨土石。

此龍自尾宿十五度至箕二度止、箕二度屬土係丙寅戊寅

穿山分界之度不取。箕一度屬土體用同氣又值吉星守

度主出魁元科甲綿々不斷當朝顯貴。尾十八度屬土亦

應富貴較之上度稍次之。尾十七度屬土十六屬木本俱

犯關殺主出殘疾子孫應愚。尾十五度屬木係戊寅庚寅

穿山分界之度不取

寅山申向兼甲庚坐庚寅穿山宮位天瑞木星管局

龍名天瑞細心排。果得星辰入廟来。外列公侯為輔弼

內拍淑女助君才。

如山坐庚寅，向對庚申木山木向喜壬乾辛水來朝流至坤去

再加乙巽水來會局壬為貴人乾為四吉辛為三奇乙為槌

巽為皷丙為祿馬丁庚為門旗坤為御溝加之真龍貴格六

年便發八年大旺亥卯未年愈盛十一十五十七年聯登及

第二十四二十六年主出大貴男至公卿女為妃嬪

贊纓世代福蔭綿長若水流辛卯乾亥去大凶

庚寅透地納音木龍飛禽翌火蛇臨宮午丁為騰雲宜尖峯遠拱

亥壬為紫微宜高端巳丙為右弼宜遠戌乾為明龍宜青天申

庚為驛馬宜遠朝諸星應位水流坤去主位高爵顯為官清廉

○若係此龍入首主白砂馬骨土或有小石成堆

此龍自尾宿九度、至尾宿十四度止、尾十

度、喜尾宿火星陞殿翌火飛禽輔助、二火生在寅、二木臨官

在寅真火明木秀体用相生、又值吉星守度主蔭狀元駙馬

宰相后妃、尾十三度、十二度、俱属木亦蔭大富大貴人、

聰俊較十四度稍次之、尾十一度属木犯闢殺主荆傷破

敗、尾十度属金、係庚寅壬寅穿山分界之度、又犯闢殺不

聰、尾九度属金、用剋体為鬼刼縱發福亦漸凋零房起房

倒多招入贅填房

甲山庚向兼寅申坐壬寅穿山宮位、天殺金星冐局、

天殺龍宮不可扦。遭官病患絕根源。若還得有些須福。

于息他年靠別人。

如山坐壬寅向對壬申金山金向金臨絶地、天殺居宮、理應不

吉、就遇真龍見辛酉庚坤水朝、流壬丁位去只主二十六年

子孫安安發財已辛丑年旺相、福蔭不久後漸禍至水若流

貪狼丙巽去主忤逆少亡官訟敗絶禍速、

壬寅透地納音金龍飛禽虚日鼠臨宮。本宮綱領不吉不須

論砂。若係此龍入首主赤白砂石馬骨土、

此龍自尾宿三度至尾宿八度止　尾八度屬金雞金山金度

而二金俱已絶在寅体用全然無氣如合金局水法應眼下

衣祿尚出人狡猾性貪不義兄弟不睦、尾七度六度俱屬

水絶金又加水泄子孫定然衰敗　尾五度屬水係壬寅正

甲穿山分界之度不取　尾四度屬水係陰陽差錯之度主

孤下賤混乱顛倒　尾三度俱死関殺

甲山庚向坐正甲穿山宮位陽明星管局

龍歸陽明立正宮　宜扦庵観福興窮　僧人道士消安此

凡俗之家便見凶

如山坐正甲向對正庚係寅卯分界陰陽差錯之位宮無星主

流水吉凶莫辨誤扦應子孫貧苦忤逆顛倒橫禍敗絶從遇

真龍宜作別向右二度半載前壬寅透地宮内左二度半載

後乙卯透地宮内度俱不吉

甲山庚向兼卯酉坐乙卯穿山宮位文筆水星管局

文筆之龍最是奇　此星臨位尚孤疑　却將水火窮無度

真個無人曉此机

古云此宮與丁卯為隣丁卯納音屬火乙卯納音屬水水火最

無情扦乙卯穿山不可坐丁卯透地所管之度如山坐乙卯

向對乙酉水山水向喜丁坤庚水朝入流酉辛之玄去再加

壬癸水来會局最吉古云南水入朝坦水来朝文曲流去爵

祿清高丁為三奇坤為四吉癸為貴人壬為武曲辛為正馬

庚為貴人酉為御溝加之真龍五年便發申子辰年愈盛七

九十五十八年出貴二十六年顯荣房？大旺富貴長遠若

水流坤申乾亥去冲破生旺應主凶禍

乙邜透地納音水龍飛禽柳土獐臨宮○丁未為明龍宜高聳

乾亥為天祿宜星峯巍峩前宜一字至几案々外喜文筆聳勢雄為上

秀端朝諸星應位水流辛酉去主神童及第○若係此龍入

首主襟色土油潤如漳

此龍自心宿三度至尾宿二度止　尾二度屬水係陰陽差錯

之度主癆病瞎啞六根不全日久敗絕　尾一度屬水体用

比和如合水局水法主藝術之人發財若杆庵觀神佛顕靈

心六度屬水係正甲乙邜穿山分界之度不取　心五度

四度俱屬水皆得吉星守度又喜宿星守慶主聰明過人少

年科第爵祿清高人財並茂，心三度屬水犯關殺，主孤寡

殘疾、

卯山酉向兼甲庚坐丁卯穿山宮位文秀火星官局、

文秀龍宮出貴人，高官顯爵蔭名臣。九星入廟天緣格

鐵面冰心輔聖君、

如山坐丁卯向對丁酉火山火向喜丙丁與水來朝流庚辛乾

去巽丙為武曲丁為槌坤為皷辛為祿馬門旗乾為御街加

之真龍貴格四五年便簽寅午戌年愈盛九年大旺十七十

八二十四年二十六年出貴代之為朝臣水流坤去應九流

三教人財興旺、

丁卯透地、納音火龍、飛禽房日兔臨宮。〇戌辛為太陽宜遠拱

未丁為左輔、宜高申坤為石殯宜遠拱。〇丙丁為太陽宜小峯

亥為驛馬宜低阜重、灣拱遠乾。酉庚為騰雲宜遠乾

父子同科〇若係此龍入首主黃泥燥土。宜高峯似馬為七諸星應位水流乾去主兄弟

此龍係房宿三度至心宿二度止。心二度屬土、犯關殺、主天

壽、瞎眼滅亡。心一度屬土係乙卯丁卯穿山分界之度不

取房六度屬土。○休生開謂之福德主富貴人丁大旺。房

五度屬土又加陽德吉宿守度房宿房禽陞殿主兄弟父子

同科及第、房四度屬土三度屬木、俱犯關殺主刑傷破敗

卯山酉正向坐巳卯穿山宮位。青寶土星晉局

寶龍宮位有威儀　入廟兒孫着紫衣　内出九流僧與道

聯科及第拜丹墀。

如山坐已卯向對已酉土山土向喜丁坤庚水来朝與壬癸乾

水交會於酉流酉辛之玄而去丁為三奇坤為四吉庚癸為

貴人壬乾為武曲辛為正馬酉為御溝加之真龍貴格明堂

寬大水口紫狹五七年便發申子辰年愈盛九年大富十五

十八年高科及第二十六年貴顯九代大發富貴双全男女

郡義水若過辛流乾去應九流僧道興旺流亥壬子去主窮

已卯透地納音土龍飛禽娑金狗臨宮。未為明龍宜秀峯亥

為天禄宜星峯前宜一字玉几案。外喜文筆端秀冲天為

王諸砂應位、水流酉辛去、主富貴神童、若係此龍入首主

白砂馬骨土或白堲土

此龍自氐宿十三度至房宿二度止　房二度屬木係丁卯巳

邙穿山分界之度不取　房一度屬木論用剋体理應不吉

此度反能為福者何也蓋体屬仕用屬木娄金屬金能剋

木則木變為禽之財禽係土之子禽因体生而制用有力用

被禽剋而自應不暇体持于勢遂任旦施為又值天官吉星

守度主高科及第蔭聡明俊雅名聞後世富貴綿遠　氐十

六度屬木應產神童富貴較之上度稍虧其次　氐十五度

屬木尅空亡亦能發福但吉凶兼半若龍賤砂水不合定出

九流僧道，氐十四度屬木主財祿豐足陰人掌家，氐十

三度屬木係巳卯辛卯穿山分界之度不取，

卯山酉向兼乙辛坐辛卯穿山官位天振木星管局，

振龍位上産奇童，遍地文章錦繡叢，出仕為官鄉相位，

定然三代受褒封，

如山坐辛卯向對辛酉木山木向喜壬乾辛水來朝流至坤去，

壬為貴人乾為四吉丁為三奇庚為門旗坤為御街加之真，

龍貴格六年便發亥卯未年愈盛十一十五年出貴二十四

年官居極品三代大顯房~與旺福祿綿~若左水倒右主

忤逆貧賤雷打自縊，

辛卯透地、納音水龍、飛禽水水蚓臨宮。○酉辛為應龍、宜遠峯
名磊落遠。

朝端、巳丙為右弼、未坤為太陽、丑艮為食祿、三星遠宜高聳、

莊、亥壬為紫微、拔襄、諸星應位、水流坤去、主狀元顯貴。○

昂亥壬為紫微、拔襄、宜端高、諸星應位、水流坤去、主狀元顯貴。○

若係此龍入首、主紫泥青沙土、

此龍自氐宿七度至氐宿十二度止、氐十二度屬火體生用、

禽生體、又值生氣吉星守度、主應昂甲、官居極品、富貴顯揚、

氐十一度十度俱屬火、亦蔭科甲出仕、但不如十二度三

代後遂袞、氐九度屬火、主小貴人財兩盛、氐八度屬火、

係辛卯癸卯穿山分界之度、不取、氐七度屬火犯關殺、主

癩病瞎啞敗絕。

乙山辛向兼卯酉、坐癸卯穿山宮位、金煞金星管局

位居金氣是如何。猶牛切磋玉琢磨。若見天明星會廟

雙全富貴受恩多。

如山坐癸卯向對癸酉喜坤庚酉辛水朝流壬癸艮去坤庚酉

為武曲辛為趙為貴人乾為訣癸為旗艮為御街加之真龍

貴格池湖廣積八年便發巳酉丑年愈盛二十三二十六年

出貴三十年外大富五十六年復應高科六十年貴至三公

九代榮顯若右水倒左流破生旺應主敗絶

癸卯透地納音金龍飛禽危月燕臨宮。辛酉為少微宜端乾
　　　　　　　　　　　　　　　　　　　　　　　　　　　　　　　宜遠聲秀

戌為左輔照宜高壬亥為石獅聲宜遠　未坤為食禄宜高員申庚
　　　　　　　　　　　　　　　　　　　　　　　　　　佐助

為天祿宜高 諸星應位水流艮去主文武顯貴○若係此龍

入首主青石襟色土

此龍自氐宿一度至氐宿六度止 氐六度屬水犯關殺主少

亡瘵病鰥寡 氐五度四度俱屬水体生用又值將單文昌

吉星守度主聰明英傑文武高科及第位至公候發福綿遠

氐三度屬水係癸夘正乙穿山分界之度不取 氐二度

屬水一度屬土俱犯關殺主殘疾瞎眼駝背孤寡混乱敗絕

乙山辛向坐正中宫位天德星當局

星稱天德福難憑 能吉能凶混世情 異姓之人雖旺相

從然富貴也傷丁

如山坐正乙向對正辛係卯辰分界陰陽差錯之位若果真龍

貴格見丙丁水朝流乾去宜偏左坐甲辰透地借火局取論

五年便癸九年大旺十七八年出武貴一代榮顯便敗若坐

癸卯透地禍速若乾亥水來流坤丁去八年遂見大禍古云

得位則興失位則減北水流南一代便絕右二度尖載前癸

卯透地宮內無吉度左二度尖載後甲辰透地宮內只兌八

度出一代武貴

乙山辛向兼辰戌坐甲辰穿山宮位隱壽火星管局

　隱壽潛龍勢氣充　　穀光遠達大興隆　　書香不比千庸輩

富貴雙全祿位崇

如山坐甲辰向對甲戌火山火向喜午丁水朝與艮癸亦會合

流乾去丁為槌坤為鼓艮為四吉癸為三奇辛為祿馬門旗

乾為御街加之真龍貴格五年大發寅午戌年愈盛九年十

七八年科第聯提二十四二十六年官爵顯七代榮華福壽

雙全水流庚坤去福次之三代吉後稍病

甲辰透地納音火龍飛禽室火猪臨宮。○丁未為左輔出裹 宜高峯

癸丑為明龍宜與未壬子為應龍宜遠辛戌為太陽莊嚴 宜高照 峯相配

坤辛為右弼宜遠 諸星應位水流乾去主出公矦。○若此龍

入首主五色泥土或砂粉馬骨土、

此龍自亢宿四度至亢宿九度止。 亢九度屬土、係陰陽差錯

之度、主少亡孤寡貧賤。亢八度屬土、又值武曲吉星守度

主出武將一代榮顯。亢七度屬土、係正乙甲辰穿山分界

之度不取。亢六度屬土体生用又值吉星守度主科第聯

捷官高爵顯代之榮華。亢五度屬土四度屬木木土相剋

謂之開殺雖主少亡癆病尚能發福

辰山戌向兼乙辛坐丙辰穿山宮位顯富貴土星官局

顯富星辰体格高。家藏珍玩出英豪。科名上達多如意

世沐恩光著錦袍

如山坐丙辰向對丙戌土山土向喜癸壬水来與丁坤水會於

酉後酉宮流去癸為貴人壬乾為武曲丁為三奇坤為四吉

辛為馬酉為御溝內湏池湖廣積明堂寬大、加之真龍貴格

五七年便發、九年大富申子辰年愈盛、十五、十八年出貴二

十六年定出高官五代大發若水流庚坤乾亥去、主軍賊離

鄉忤逆敗絶古云生旺流去不湏安子孫葵後即貧寒從足

來龍形勢好、不合天星也是閒

丙辰透地納音土龍飛禽星日馬臨宮○戌辛為食祿宜遠峰

端朝為

吉子壬為少微、宜高申坤為紫微、宜高諸星應位、水流酉去

主富貴雙全○若係此龍入首、主白泥黃砂馬骨粉土

此龍自角宿十一度至亢宿三度止、亢三度屬木用剋体又

泉神凶星占度主投河自鑑刑戮、亢二度屬木、係甲辰丙

辰穿山分界之度不取、亢一度屬木土固畏木、而此土幸

坐亢宿之中亢本屬金、木臨亢宿已受金制何能逞雄土反

助金歐殺、便飯依聽命乃為推官鬼使況土臨墓內氣鬱

不伸非木躍開何能出庫故土借木而得意揚之又值吉星

守度主大富大貴少年登科職易高遷角十三度十二度

俱屬木又值吉星守度發福與亢一度相等但科甲稍緩不

能與亢宿速也　角十一度屬木用剋体縱發福不久

辰山戌正向坐戊辰穿山宮位隆德木星管局

龍德天星盖世奇、子孫富貴自相宜、更加瓜瓞綿之盛、

代々恩榮信有之。

如山坐戌辰向對戌戌木山木向喜壬乾水朝流辛庚坤去壬

為貴人乾為四吉竒為三竒庚為門旗坤為御街加之真龍

貴裕六年便發亥卯未年愈盛十一十五年出貴二十四年

位至公卿九代富貴子孫綿之若左水倒右人財大敗

戊辰透地納音木龍飛禽心月狐臨宮O戌為三竒明龍宜葦

雲寅為天祿宜体勢巍て午為騰雲宜遠峯申為驛馬子為

官祿二星遠拱朝諸星應位水流坤去主代∴思荣滿門科甲O

若係此龍入首主粉砂馬骨土

此龍自角宿五度至角十度止　角十度屬火係丙辰戌辰穿

山分界之度不取、　角九度角八度俱屬火体生用為之福

德皆值吉星守度蔭子孫代，科甲位至公卿滿門富貴

角七度屬火值空亡火喜空木嫌之幸坐角宿得木幫扶亦

主富貴多出駝背之人　角六度屬火又值吉星守度癸福

與九度相等角五度屬火係戊辰庚辰穿山分界之度又犯

闕殺不敢

辰山戌向兼巽乾坐庚辰穿山宮位進德金星管局

進德龍宮是福神　文官武戚有聲名　才高及第兵權印

護國安邦作顯臣

如山坐庚辰向對庚戌金山金向喜坤庚辛水來朝流壬癸艮

去坤庚為武曲辛為槌乾為鼓癸為旗艮為御街加之真龍

貴格、八年便發、巳酉丑年愈盛、十七、二十一年出貴、二十六

年爵顯三十年外大富大貴、九年大發、上格龍出狀元將相、

中格龍出奸猾招殺伐、若右水倒左主外死凶禍、

庚辰透地、納音金龍飛禽胃土雉臨宮。申庚為天祿、宜員峯高秀、

子癸為騰雲宜遠、寅甲為驛馬午丁為官祿二星宜低阜戌

乾為左輔宜高峯秀麗、諸星應位水流妻去主狀元壓裏武

掌兵權。若係此龍入首主石黄泥土

此龍自軫宿十七度至角四度止、角四度屬金犯關煞主癆

病少亡、孤寡敗絶。角三度屬金体用同氣主優富後貴、

角二度、一度、俱屬金、金山金度、金曜入廟、土禽生之、又值吉

星守度主三元及第文武全才官居極品富貴綿之 斡十

八度屬金係庚辰壬辰穿山分界之度不取 斡十七度屬

金犯闌殺主少亡敗絕立繼異姓

巽山乾向兼辰戌坐壬辰穿山宮位伏燄水星會局

伏燄龍宮有不同 一朝應驗在當躬 固知位烈三軍內

若欲悠之別地中

如山坐壬辰向朝壬戌水山水向龍臨墓位破軍伏燄凶星多

主不吉若果真龍貴裕見癸壬乾亥水來與丁坤庚水會於

酉從酉隱之之玄流去主一二代發福武賊馳名丁為三奇

坤為四吉庚癸為貴人壬子乾亥為武曲酉為御溝五七年

便癸申子辰年愈旺，十五、二十六年出貴，五十年外退。若水

流破生旺，主瘟火絶滅最速。

壬辰透地，納音水龍，飛禽角木蛟臨宮。乾戌為食祿，宜秀峯端朝、

癸子為少微，宜高峯。庚申為紫微，宜秀峯高聳，諸星應位。水

流酉去主一代武貴。若係此龍入前主青石粉砂馬骨土，如插戟為上，諸星應位水

或青泥土。

此龍自軫宿十一度至軫十六度止，軫十六度屬木，犯關殺

主少亡寡媍敗絶。軫十五度屬木，為福德，又值吉星守度

蔭當代武貴顯耀，後代衰危蓋因水體目投墓庫故也。軫

十四度屬木，主初代平安發財，後代凋零。軫十三度屬木

艮

係壬辰正巽穿山分界之度、不取 斡十二度屬木犯白虎

殺主刑傷破敗乞丐 斡十一度屬木係陰陽差錯之度又

犯闕殺主顛倒橫禍孤寡淫賊

巽山乾向坐正巽穿山宮位紫綬星管局

紫綬之龍貴不長 禎祥喜瑞一時揚 茅簷雖有公卿出

繼後災危見少殤

如山坐正巽向對正乾係辰巳分界為陰陽差錯之位若果龍

真格貴見簑葵水朝與丁坤水會於乾淺乾當面之玄流去

宜坐乙巳透地借火局收水五年便發十七八二十四六年

應出大貴一代榮顯後即敗絕此龍貴而不久富而不長若

坐壬辰透地、即時見禍水若過堂流坤癸去大凶古云巽山

何用水長纏、水若長纏禍相連門內風聲多有損兒孫忤逆

苦憂煎右二度半載前壬辰透地宮內度俱不吉在二度半、

載後乙巳透地宮內只較九度值吉星主一代大貴、

巽山乾向兼巳亥坐乙巳穿山宮位官庫火星當局、

官庫居官祿有餘。田園家業自豐儲。不惟族盛宗支旺、

兩府公卿指日舒。

如山坐乙巳向對乙亥火山火向喜甲寅癸水來朝與丁坤水

會合流乾宮之玄而去甲為正馬貴人艮為四吉癸為三奇

丁為槌坤為鼓辛為正祿壬為門旗乾為御街加之龍真穴

貴、五年便發、九年大富寅午戌年愈旺、十七、八年功名聯提

過乾流辛庚去福不如前古云、馬不上街官不至、秀才空說

二十四二十六三十年間爵祿高陞九代富貴人丁大旺水

好文章

乙巳透地納音火龍飛禽辟水偷臨宮○庚酉為騰雲宜尖峯

艮丙為紫微宜高峯坤申為右弼宜遠癸丑為明龍宜高插

乾亥為驛馬諸星應位、水流乾去主眼登科第為官青廉○

若係此龍入首主黃白砂石馬骨土、或黃白泥襟小石土

此龍自斡五度至斡十度止。斡十度屬土、係陰差陽錯之度

又犯關殺主瘟瘟產難刑剋毒獸所傷　斡九度屬土、体生

用謂之福德、又值吉星守度、主一代大貴、後湏求吉昜之或

速改外向可保無虞。斡八度屬土、係正巽乙巳穿山分界

之度不取、斡七度屬土体生用為福德、主富貴人丁興旺

斡六度○五度、俱屬土又值吉星守度、主聰明正直、金榜聯

科、官高爵顯、代代榮華大富大貴人丁茂盛、壽百歲藏

巳山亥向偏巽乾、坐丁巳穿山宮位受殺土星管局、

龍名受殺莫差訛。俗目偏云得入科。不識古人真妙訣。

如山坐丁巳向對丁亥土山土向逢絶地、猶若壖壁之土豈能

生物從遇真龍、從見癸壬乾水來朝與坤申庚水交會合流

誰知反為巳操戈。

雷

雷宫去、但主初代發財、後代絶滅、水若流破生旺去、立見瘟

火刼虜凶禍申子辰年敗絶、

丁巳透地、納音土龍、飛禽張月鹿臨宫○本体綱領不吉、何湏

論砂○若此龍入首主赤泥燥土、

此龍自翌宿十九度、至軫四度止・軫四度屬火為印授主富

貴長壽但不綿遠、軫三度屬火係乙巳丁巳穿山分界之

度不取、軫二度・一度俱屬火用雛生体、惜乎土絶在巳、体

全無氣、縱遇火生無益、僅係初代人丁平安發財、翌二十

度屬火係騰蛟凶星守度、主瘟火少亡敗絶、翌十九度屬火

吉星守度主初代財帛豐足、男女壽長嗣息艱难、子孫稀少

巳山亥正向，坐巳巳穿山宮位，德化木星管局，

德化星辰降福隆。　當官坐論位三公。世臣耆頤猶喬木。

爵祿綿々享萬鍾。

如山坐巳巳、向對巳亥、木山木向、喜乾壬水朝流庚坤去、再加

甲艮水来會局為上格、甲艮為武曲、癸為馬壬為貴人乾為

貴因此局得高名官為兩府朝金闕、衣錦荣帰賀太平加之

四吉、辛為三奇、庚為門旗、坤為鄉街古云、水入中神上街去、

真龍貴格六年便發亥卯未年愈旺十一、十五年出貴二十

四、三十二年位至三公、九代大發房々均匀温厚慈孝少年

科第水流、乾壬艮去主枉死少亡消敗、

三十

己巳透地納音木龍、飛禽尾火虎臨官。〇亥為四吉紫微、宜峯高尖

秀、未為太陽、宜低阜丑為食祿宜遠峯酉為應龍、宜遠〻端管

巳穿山分界之度、又犯關殺不取一翌十七度屬金犯關殺

此龍自翌十三度至翌十八度止 翌十八度屬火係丁巳

此龍入首主白砂馬骨土、兼有大石。

邜為少微宜拱護諸星應位、水流坤去主屢世高科。〇若係

主少亡孤寡怪病 翌十六度屬金、木回畏金、而此木幸坐

翌宿之中翌本屬火金已受制又遇火禽運〻制伏木助火

戡殺〻自畈依金反變為催官鬼使況值兵權吉星守度主

少年高科及第貴至三公文掌兵權祿享萬鍾富貴悠久

翌十五度屬金、值空亡木体嫌之、雖主富貴却招產難刑傷、

翌十四度屬金又值黃道吉星守度、屢世登科占先、翌

十三度屬金係巳巳辛巳穿山分界之度不取、

巳山亥向偏丙壬坐辛巳辛巳山宮位、御筆金星當局、

金星御笔貴人宮、指日之间大運通、家號素封財自己、

每多顯宦遇恩隆。

如山坐辛巳向對辛亥金山金向喜坤庚辛水來朝、流壬癸艮

去庚為武曲辛為槌乾為鼓癸為旗艮為御街加之真龍貴

裕八年便發巳酉丑年愈盛十七、二十一年出貴二十六年

爵顯九代大發八丁興旺富貴兼全、古云小神入大神、代己

出英豪、右水倒左在大敗

辛巳透地納音金龍飛禽昴日鷄臨宮。○亥壬為右弼如頻旗宜遠峯

端卯乙為應龍遠宜聳秀、丑艮為太陽、未坤為食神、峯高峻俱宜遠

朝卯乙為應龍近宜低雄、

酉辛為少微宜端拱諸星應倍水流艮去主英豪文武科甲、

先富後貴。○若係此龍入首主紅紫土内多石、或馬骨土有

甘泉、

自龍自翼宿七度至翌十二度此翌十二度屬金体用同氣、

主富貴人丁興旺、翌十一度屬金金星入廟又值吉星守

度主文武科甲巨富顯貴代：榮華　翌十度屬水体生用

又值吉星守度主先富後貴科第联提官多在朝爵祿高崇

發福綿遠、翌九度屬水凶星占度、先吉後凶家敗人亡

翌八度屬水、係辛巳癸巳穿山分界之度、不取、翌七度屬

水主目下人財興旺、

丙山壬向偏巳亥坐癸巳穿山宮位刼殺水星官局

刼殺凶龍莫思安、墳宅相逢家道寒、從使當前無正敵、

他年禍至勿深歡、

如山坐癸巳、向對癸亥水山水向、水臨絕地、謂之刼殺木星無

氣就遇真龍乾亥壬癸水朝流艮甲去、僅主二十八年內發

財、申子辰年旺相發亦不久三十年見禍若水流破生旺而

去立見敗絕

癸巳透地納音水龍飛禽亢金龍臨宮、〇木体綱領不吉、砂不

細開、〇若係此龍入首主青黃泥石土、

此龍自翌宿一度、至翌六度止、翌六度屬水五度屬土俱犯

閑殺主鰥寡聾啞官非破敗人丁欠利　翌四度屬土土雖

彼禽泄不能傷体惜体絕在巳終難發違僅主二三十年旺

財衣食豐足乃是禽泄土之功後代凶禍難保　翌三度屬

土係癸巳正丙穿山分界之度不取、　翌二度屬土值吉星

守度主初代發福出貴壽長清高但無後嗣　翌一度屬土

係陰陽差錯之度主孤寡橫禍敗絕

丙山壬向坐正中穿山宮位天敗星管局

龍居天敗不堪圖、蟄之之兒有若無、根本傷時枝盡折、

人：嗟嘆是何辜

如山坐正向向對正壬、係巳午分界、陰陽差錯之位、若果真龍、

壬癸乾水來朝流辛酉去宜坐癸巳透地、水局收之、亦應初

年發富出貴安樂清高三十三年後必主孤寡瘟火敗絶若

坐甲午透地、其禍更速、水流癸艮去主官災橫禍破敗立見、

古云、大地多朝北丙龍杆不得右二度半、載前癸巳透地宮

內只翌二度吉星坐度、左二度半、載後甲午透地宮位、度俱

不吉、

丙山壬向偏午子、坐甲午穿山宮位、天極金星管局、

龍名天極莫羨功，百計營謀到底窮。雖或財豐人匪儻，

東風吹過一場空。

如山坐甲午向對甲子，金山金向，見庚酉辛水來朝，流癸艮甲

去，雖武曲來朝祿存流去四吉三奇祿馬諸格全然不合縱

遇真龍，但應瀾富而遊蕩邪淫不免人多夭壽蓋囚金敗于

午若右水倒左，易敗易滅。

甲午透地納音金龍飛禽氐土貉臨宮。本体不吉砂不細開

◎若係此龍入首主紅色砂泥土。

此龍自張宿十三度至張十八度止。張十八度屬土係陰錯

陽差之度又犯関殺主孤寡混乱牢獄刑傷敗絶，張十七

度屬木值關殺主少亡自縊產難橫禍、

正丙甲午穿山分界之度、不取　張十六度屬木係

又值吉星守度理應富貴兼全、何其富而不貴蓋本体金星

自臨沐浴桃花之宮性多匪僻好淫慾遊蕩又金居火位已

先受制於人何能超群拔萃故主濁富壽尚不堅　張十四

度十三度、俱屬木亦主衣食豐足子孫多淫

午山子向偏丙壬坐丙午穿山宮位天厨水星管局

龍號天厨不敢欺　初年困鈍後嘻怡　亨通忩見荊棘限

素業輝煌到處稀

如山坐丙午向對丙丁水山水向喜壬乾榮來覲朝流艮甲乙

去、舟加坤庚水来會局坤為四吉庚為貴人辛為馬乾壬為

武曲變為槌艮為鼓甲為祿乙為旗裳星雖然齊儔惜乎俱

不能上街不能出貴古云吉星朗空羅列讀書难浔跎龍

门加之真龍貴格應主大富若水不到乙在甲去主初六年

冷退盖甲乃水星之祿祿不可破則不利過六年便發十

三年大旺申子辰年愈盛二十一三十年大富田連阡陌發

稻綿遠代興旺若水流乾亥庚申去主少亡敗絕

丙午透地納音水龍飛禽奎木狼臨宮子壬為少微宜高艮

寅為右弼戌辛為食祿端秀拱朝諸星應位水流甲乙去

主巨富青衿綿不絕若係此龍入首主白粉沙馬骨土

二星宜遠峯

此龍自張宿七度至張十二度止　張十二度屬火謂之財泉

又值吉星守度主財産大旺田地日增亦蔭小二官賊　張

十一度屬火係甲午丙午穿山分界之度不取　張十度屬

火主人財興旺　張九度屬火又值吉星守度主大富田連

阡陌青衿綿二不絶子孫豪俠好義　張八度屬火主富多

田業六藝人起家子孫良善　張七度屬火值閑殺主刑傷

破耗官災口舌

午山子正向坐戊午穿山宮位天勝火星當局

龍位天勝果何如　代二兒孫好讀書　金榜題名相繼續

滿朝朱紫大門間

如山坐戌午向對戌子火山火向喜甲艮水朝流壬乾而去甲

為貴人正馬艮為四吉癸為三奇壬為門旗乾為御街加之

真龍貴格四九年便發寅午戌年愈盛十七年出貴二十四

三十年官居極品位至公卿狀元九代大蔟房吳旺水若

過街庚坤去貴次之左水倒右主絶

戊午透地納音火龍飛禽望大蛇臨宮〇子為應龍宜員峯磊

　秀申為右彌戌為太陽辰為食祿三星遠宜高秀寅為紫微

宜端高諸星應位水流乾去主狀元顯貴〇若係此龍入首

按裏

主黃紫沙馬骨土

此龍自張宿一度至張六度止　張六度屬木係丙午戊午穿

山分界之度、又犯閉殺、不取。

張五度、屬水、天牢凶星守度。

雖蔭富貴、亦主產難溺洩。 張四度三度、屬水、皆值空亡火

逢空而燄大、水逢空而性速、況戊午乃天上火也、水不能尅

又火臨旺地兼翌禽輔佐用不能尅体反有既濟之功應出

狀元卿相世三科甲、官高名顯、五福兼全 張二度、屬水、吉

星守度、主子孫聰明才高及第富貴綿々。 張一度、屬金、係

戊午庚午穿山分界之度不取

午山子向偏丁癸坐庚午穿山宮位、天高土星管局

天高龍穴任君埋、 倒地翻天踏御街。

聲名不朽動人懷。 累世簪纓皆義士。

如山坐庚午、向對庚子土山土向喜乾亥壬癸水朝流艮甲乙

巽去再見坤庚水来會局貴極坤為四吉庚為貴人辛為馬

乾亥壬為武曲癸為槌艮為鼓坦為祿乙為旗巽為御街加

之真龍貴五年便發申子辰年愈十六十八〇二十六年出

貴三十五年主大富大貴四十年外位居臺閣九代荣顯人

丁大旺水不到巽先去福次之若流乾亥庚坤去主凶禍滅

亡

庚午透地納音土龍飛禽箕水豹臨宫〇子癸為少微高秀端

丑艮為左輔宜高峯寅甲為右弼宜遠亥壬為天祿秀麗

戌乾為食祿宜遠峯諸星應位水流巽去主文武顯貴□若

係此龍入首主青紅泥土

此龍自星宿一度至星六度止　星六度屬金為福德主富貴

人財兩盛　星五度屬金凶星古度主少亡孤寡　星四度

三度俱屬金体生用值文昌紫府吉星守度主文武科甲公

庚臺閣出將入相子孫蕃衍代代榮華　星二度屬金係庚

午壬午穿山分界之度不取　星一度屬金與星六度相等

丁山癸向偏午壬坐壬午穿山宮位文魁木星當局

壬午穿山出秀人。　文章俊麗實超群。　兒孫甲第居高爵。

滿腹經綸輔聖君。

如山坐丙午向對壬子木山木向喜乙甲艮水来朝與辛乾壬

水交會于子、後子癸之玄流去、乙為馬甲艮為武曲、辛為三

奇乾為四吉、壬為貴人、子為御溝加之真龍貴格四年便發

亥卯未年愈盛九年、十五年出貴二十一年富貴顯揚人丁

茂盛、代代興隆若水流甲卯乾亥去主凶禍敗絕

壬午透地、納音木龍飛禽畢月烏臨宮○戌乾為明龍端秀宜高峯

寅甲為天祿巍莊嚴　子癸為官祿案之外遠朝為上諸星

應位、水流子癸去主出神童顯貴○若係此龍入首主白沙

馬骨土或黃白泥土

此龍自柳宿九度至柳十四度止　柳十四度屬金用剋体凶

星呂度主少亡孤寡爭訟火災　柳十三度屬土謂之財帛

正

主富貴人丁俊秀、青衿舉貢不絕。　柳十二度屬土吉星守

度、主神童高科及第、致君澤民、文稱蓋世代之興隆子孫蟄

蟄。　柳十一度屬土係壬午正丁穿山分界之度不取。柳

十度屬土、主初代田產吳旺、亦蔭富貴但嗣息艱难多招立

繼。柳九度屬土係陰差陽錯之度又犯關殺主孤寡少亡、

睹博滛邪敗絕、

丁山癸向坐正丁穿山宮位、明羣星管局、

明羣之龍衻莫杆。　從能為福禍相連、後今識得山川脉

趨吉避禍萬事全。

如山坐正丁向對正癸、係午未分界陰陽差錯之位、古云無龍

莫下無龍向子孫、却不畊家富閒堆玉與金、抱養外姓人、縱

龍格出貴甲亥水來流于宮去坐壬午透地借木旬收水亦

出富貴但發不久三十年外、立主枉死少亡、當代便絶、若水

流左右去凶禍立見、右二度半載前壬午透地宮內只栁十

度吉、左二度半載後乙未透地宮內度俱不吉、

丁山癸向偏未丑坐乙未穿山宮俠天刼金星管局

刼龍宮位有禎祥。掌握兵符威武揚。但是旋旌難久建。

兒孫不免受灾傷。

如山坐乙未向對乙丑金山金向喜庚辛水朝流艮去再加巽

乙水來會局庚爲武曲辛爲樞乾爲皷巽爲四吉乙爲三奇

禄馬、甲癸為旗、艮為御街、加之真龍貴格主出武將掌兵權

六年便發巳酉丑年愈盛十一、十五年出貴二十一、二十六

年爵顯三代大旺如無與乙水朝出貴不顯多招膚劫殺傷

之厄龍賤亦然子癸丑艮水朝破局主外死少亡

乙未透地納音金龍飛禽房日兔臨宮○辛戌為左輔、宜奇峯

簑於乙辰為明龍宜與左輔甲卯為應龍宜員峯遠立丑癸

裏相配為上如頓鼓狀

為太陽宜遠峯雄乾亥為右弼似頓棋諸星應位水流艮去

主出武將顯榮○若係此龍入首主紫黃鮮色土

此龍自柳宿三度至柳八度止 柳八度屬水係陰錯陽錯之

度又犯關殺主顛倒混乱少亡鰥寡破敗 柳七度屬水凶

星占度、主刑杖牢獄橫禍、少亡敗絶、柳六度屬水、係正丁

乙未穿山分界之度、不取、柳五度屬水、凶星占度、主家敗

投河自縊逃亡、柳四度屬水、体生用謂之福德、又值軍正

吉星守度出武將智勇兼全、統領兵符威鎮疆域、柳三度

屬水、係關殺、主疾厄產難刑傷血光、

未山丑向偏丁癸坐丁未穿山宮位天財水星官局、

天財宮位產奇才、富貴榮華自此來、申子辰年開大運、

文魁武魁列三台、

如山坐丁未向對丁丑、水山水向喜乾壬癸水朝、流艮甲乙巽

去、乾壬為武曲、癸為鵝、艮為鼓、甲為祿馬、乙為旗、巽為御街

加之真龍貴格、五年便發甲子辰愈盛、十一、十八年出貴、二

十六年、位至侍郎官稱敵國、五代俱隆房：大旺、若水流壬

亥乾去一代便絕

丁未透地、納音水龍、飛禽姜金狗臨宮。○丑癸為左輔宜秀峯

筍侵乾亥為天祿宜員峯外甲為騰雲、宜遠峯巳巽為驛馬

天乾亥為官祿宜高聳端秀朝如

酉庚為官祿体昂有情

二星宜高聳諸星應位、水流巽去主三元顯爵

○若係此龍入首主黃沙馬骨土

此龍自井宿二十九度、至柳二度止　柳二度屬火犯関殺主

癆病少亡　柳一度屬火保乙未丁未穿山分界之度不取

鬼二度屬火、体尅用謂之財帛又值大魁、吉星守度主子

孫聰俊昂元侍郎科甲綿々富比石崇　剋一度屬火亦主

科第顯榮較上度稍次之滿門大富文武双全　井三十度

屬火積尸凶星占度雖富貴亦主壽天怪病　井二十九度

屬火破耗凶星占度雖發財亦主破敗

未山丑正向坐巳未穿山宮位應福火星官局

龍名應福不尋常　金玉玗琅積廩倉　于孫英才為國幹

折桂擔爵拜君王

如山坐巳未向對巳丑火山火向喜甲艮丑癸水朝流壬乾去

又加巽巳水來會局甲為馬艮為四吉癸為三奇壬為門旗

乾為禦街加之真龍貴格九年大發寅午戌年愈盛十七年

出貴、二十四、三十年、文武科第、金馬玉堂、三十五年、富比石

崇九代榮華、人々興旺若水流艮甲與巳去主敗絶、

巳未透地、納音火龍飛禽軨水蚓臨宮、○丑為三奇明龍、宜秀

箕、巳為天祿、宜峯巒巍、酉為騰雲宜昂有情、卯為官祿亥為

驛馬二星宜遠、諸星應位、水流乾去主滿門富貴、○若係此

龍入首、主赤沙馬骨土、

此龍自井宿二十三度至井二十八度止、井二十八度屬火、

係丁未巳未穿山分界之度、犯關殺不取、井二十七度屬

金、犯關殺、主刑傷惡敗、井二十六度屬金、係空亡、惟金火

二星最喜、主青衿人財綿遠、井二十五度屬金、体剋用謂

四

之財帛亦係空亡又值紫微吉星守度主富貴雙全文武科

策位居翰林世代榮華　井二十四度屬金吉星守度主先

富後貴科第爵祿清高人丁蕃衍　井二十三度屬金係已

未辛未穿山分界之度不取

龍號金華自大昌　九星入廟位朝堂　能文能武無雙敵

未山丑向偏坤艮坐辛未穿山宮位金華土星管局

四海三邊頹一匡

如山坐辛未向對辛丑土山土向喜辛乾壬癸水朝長流艮甲

乙巽去辛為馬乾壬為武曲癸為槌艮為鼓甲為祿乙為旗

巽為御街加之真龍貴格應出文武全才五年便發申子辰

去

年愈盛、十一、十八年出貴、二十四年大顯、九代英雄、房～興

旺、富貴双全、若右水倒左、大凶、

辛未透地納音土龍、飛禽斗木獬臨宮○亥壬為天祿宜員峯高簇

卯乙為騰雲、宜遠峯、已丙為驛馬、酉辛為官祿二星宜峯丑端莊

艮為左輔宜尖峯、諸星應位、水流巽水、主發甲英雄文武全

才○若此龍入首主白泥沙石土

此龍自井宿十七度至井二十二度止　井二十二度屬金二

十一度屬木俱係関殺主喑啞癆癩之病　井二十度屬木

木本剋土、然辛未乃路傍之土、不能容木、何以得剋况木墓

在未喜土養在未体旺用凶故主清貴又值吉星守度蔭文

武高科及第、為官清廉、代々富貴、荆十九度屬木、亦出英

雄富貴較上度不及、井十八度屬木、係辛未癸未穿山分

界之度不取、井十七度屬木、主富貴人丁興旺、

坤山艮向偏未丑、坐癸未穿山宮位紫袍木星官局、

龍號紫袍著錦衣。　鵬程萬里若騰飛。　滿懷得意馳名遠。

伯仲成行果異稀。

如山坐癸未向對癸丑、木山木向喜巽乙甲艮水朝與辛乾壬

水交會於子從子癸之玄流去巽為鼓、乙為艤、甲艮為武曲、

辛為三奇、乾為四吉壬為貴人子為御溝加之真龍貴格池

湖寬大、四水歸聚龍虎迴抱、四年大發亥卯未年愈盛七年

得橫財，九年出貴十三年大富，十八二十一年大貴房之興

旺發福綿遠若水流甲卯乙壬乾去主大凶敗絕。

癸未透地納音木龍飛禽觜火猴臨宮。丑艮為食祿宜端亥

壬為紫微卯乙為少微二星宜如諸星應位水流于癸去主

富貴雙全。若係此龍入首主襟色小黃泥砂土

此龍自井宿十一度至井十六度止 井十六度屬水体用一

氣又值吉星守度主聰明科甲判斷有才仁民愛物富貴綿

遠 井十五度屬火体生用為福德蔭富貴衣貢出仕為官

仁孚 井十四度屬火又值吉星守度主聰登金榜位至三

公富貴雙全書香不絕 井十三度屬火係癸未正坤穿山

分界之度不取　井十二度屬火凶星古度主家敗人亡

井十一度屬火係陰陽差錯之度又犯閞殺主顛倒自縊忤

逆少亡孤寡敗絕

坤山艮正向坐正坤穿山宮位天寶星管局

天寶宮中是絕龍　此星先吉後為凶　初時富足雍ㄟ意

父後凋零事ㄟ艸

如山坐正坤向對正艮係未申分界陰陽差錯之位若果真龍

見乾亥壬癸水朝流艮甲乙巽去宜坐甲申透地借水局論

五年便發十一年大旺四十九年內人財興盛平安發福五

十年外敗絕誤坐癸未透地禍速若水流壬乾亥去立主少

亡癆病誅戮，右二度半載前癸未透地宮內度俱不吉左二

度半載後甲申透地宮內只井九度吉

坤山艮向偏申寅坐甲申穿山宮位天仙水星管局

天仙龍位果超群　富貴兼全有令聞　拜命書恩膺顯眕

一門孝義永芳芬

如山坐甲申向對甲寅水山水向喜乾亥壬癸水朝流甲乙巽

去乾亥壬為武曲癸為樞艮為敨甲為祿馬乙為旗巽為御

街加之真龍首格五年便發申子辰年愈盛十一十八年出

貴二十六三十五年富貴兼隆代〻孝義高科位至公鄉人

丁大旺癸福綿遠若水倒左去大凶

去

甲申透地、納音水龍飛禽參水猿臨宮○丙午為應龍、宜聳秀有情

艮寅為右弼、宜遠峯、如乙辰為太陽、宜遠峯、辛戌為食祿、宜遠

峯高峻、近宜壬子為少微、宜高峯、諸星應位、水流巽、水主大

低阜成形○端秀

富大貴○若係此龍入首、主五色錦土內有白石

此龍自井宿五度、至井十度止、井十度屬水、係陰陽差錯之

度、又犯關殺、主少亡孤寡爭訟破敗、井九度屬水、体用同

氣飛禽幫扶、又臨旺地、主初代發福、人財興旺、但發不久

井八度屬水、係正坤甲申穿山分界之度不取、井七度屬

水凶星占度、主孤寡少亡、井六度屬水吉星守度、主科第

縣令之貴、子孫孝義長壽、井五度屬金、用生体又值天官

吉星守度，主代之高科，位至公卿，刺史，人丁大旺，富貴綿遠。

申山寅向偏坤艮坐丙申穿山宮位，遁德火星管局，遁德龍宮福不齊，九流三教兩相岐。鷄窓勵志時聰捷，

奕葉聲名也自丕。

如山坐丙申，向對丙寅火山火向，喜艮甲水朝流癸壬乾去，再加丙巽武曲水來朝會局，明堂寬大，池湖廣蘊止吉艮為四吉，癸為三奇甲為正馬貴人壬為門旗乾為御街加之真龍貴格三代大顯四九年便發寅午戌年愈盛，十七，二十四，三十年出貴無如巽丙水朝居官清貴，若生旺不能流至乾位，去主濁富不貴龍賤多出僧道九流，若水流艮甲巽丙去主

少亡衰敗

丙申透地，納音火龍飛禽心月狐臨宮。寅艮為四吉紫微宜峯
高秀，辛戌為太陽宜低阜，乙辰細鎖藩宜遠峯，壬子為應龍
麗遠宜小峯疊疊莊嚴
疊高聳為貴丙午為少微宜高秀，諸星應位，水流乾去主累世
公卿富貴。若係此龍入首主青紫泥土

此龍自參宿八度至井四度止，　井四度屬金体剋用為財帛
主財祿豐盛，先富後貴。　井三度屬金係甲申丙申穿山分
界之度不取。　井二度屬金主青衿人財綿綿不絕，龍賤出
九流僧道，井一度參九度俱屬金皆值吉星守度主科甲耶
捷聲名大振富貴顯揚。　參八度屬金犯閻殺主孤寡癱瘓少亡

申山寅正向坐戌申穿山宮位天貴土星管局

天貴龍名福最隆。此星絕頂執爭雄。公矦一品臨臣庶。

文武尊榮相九重。

如山坐戌申向對戌寅土山土向喜乾亥壬癸水來朝流甲乙

巽去乾亥壬為武曲癸為槌艮為鼓甲為祿馬乙為旗巽為

御街加之真龍貴格五年便發申子辰年愈盛十一十八年

出貴二十六年官旣高選文居一品武應封矦福蔭九代若

水倒左去大凶

戊申透地納音土龍飛禽胃土雉臨宮。寅為石弼頓旗端朝
宜遠峯如近宜低阜

為上午為應龍宜聳秀辰為太陽高峻近宜遠峯戌為食祿成形遠宜

高峯

秀麗　子為武曲少微宜高峯　諸星應位、水流㵯去、主文武顯

宦富貴双全。○若係此龍入首、主黄況紅色土。

此龍自參宿二至參七度止。

分界之度、又犯関殺不取。

參七度屬木、係丙申戊申穿山

在申、死木不能剋土、論土自坐生地、兼有胃禽輔佐、体氣旺

參六度屬木、用雖剋体木已絶

極、又值吉星守度、主出大貴子孫聰明、文武科第位至公矦

富貴錦遠

參五度屬木、值空亡木土逢之不利、雖出富貴

多無後嗣

參四度屬木、亦主科甲疊見、但不及六度顯榮

參三度屬木、犯関殺、主少亡惡死

參二度屬土、係戊申

庚申穿山分界之度、又犯関殺不取。

晉　　　癸

申山寅向偏庚甲、坐庚申穿山宮位、天天木星管局、

天天龍宮百不宜。　驟來凶禍絶根基。　休言豐厚難傾失。

頃刻旋衰始竟危。

如山坐庚申向對庚寅木山木向木臨絶地㨂遇真龍亦不能

發水流甲卯乙去破武曲主貪若流壬亥乾去破貪狼主絶

四年降禍六年十三年招官刑軍賊亥卯未年大敗如卯乙

寅甲水朝流子艮去雖主二十六年發財而少亡惡病難免

庚申透地納音木龍飛禽角木蛟臨宮。本体綱領不吉砂不

湏論。若係此龍入首主赤砂馬骨土或赤泥土、

此龍自畢宿十三度至参一度止　参一度属土凶星古度主

少亡逃竄刑戮大禍　觜一度屬土度吉兼凶不取　畢十

六度屬土體剋用為財帛又值吉星守度理應發福因木体

絶在申僅主初代財祿豐足、　畢十五度屬土凶星占度主

壽夭乞丐軍賊刑戮敗絶、　畢十四度屬土係庚申壬申穿

山分界之度不取　畢十三度屬土犯関殺主癆病殘疾夭

壽痴拙

庚山甲向偏申寅坐壬申穿山宮位文貴金星管局

文貴龍宮福祿多綠衣爵弁賞懷歲。　萬人之上一人下。

濟：師：並入科。

如山坐壬申向對壬寅金山金向喜丙巽乙水來朝流艮寅甲

去丙為貴人巽為四吉乙為三奇祿馬甲為門旗艮為御街、

加之真龍貴格六年便發己酉丑年愈盛十一、十五年出貴

二十四年高陞官居極品富貴綿、世代科甲不絕人丁大

旺、古云祿馬貴人重、照子孫代二皆榮耀水若左來右去、

三代便絕、

壬申透地納音金龍飛禽牛金牛臨宮。癸子為騰雲、遠宜尖

近宜低巳丙為紫微宜高峯壬亥為右弼、宜遠乙辰為明龍

阜雄昴已丙為紫微秀麗

宜高峯甲寅為驛馬端爰朝諸星應位、水流艮去主兄弟眈

端朝宜遠朝諸星應位、水流艮去主兄弟眈

登金榜為官清廉。若係此龍入首主黃土及五色粉土

此龍自畢宿七度至畢十二度止、卦十二度屬水犯関殺主

[四]

[二二]

如山坐正庚向對正甲係申酉分界為陰陽差錯之位此宮殺

遭殃被禍若狗囚。

龍名死敗若戈矛。　斬伐箕裘似水流。　雖有財能身凍餒。

庚山甲向坐正庚穿山宮位死敗星當局、

少亡孤寡飢寒凍餒

孫聰明逞能、畢七度屬水係陰陽差錯之度又犯関殺主

申正庚穿山分界之度不取、畢八度屬水主初代財旺子

居一品位列公卿富貴双全人丁茂盛、畢九度屬水係壬

星守度主子孫聰俊才學過人應出天子門生屢世科甲官

惡疾跛足、畢十一度十度俱屬水体生用為福德皆值吉

祿

多縱遇真龍亦不發福誤扦主顛倒橫禍飢寒凍餒虛驚見

怪逃亡敗絕如巽丙水来流艮去宜坐壬申透地借金局收

水主發一時古云豪干四年间稍有錢過後退田園石二度

半載前壬申透地宮内只畢八度發一時左二度半載後乙

酉透地宮内無吉度

庚山甲向偏酉夘坐乙酉穿山宮位天成水星管局

天成龍位產賢儒。　業盛家昌皷瑟竽。

中堂旋至出訐謨。　貨殖無心財寶積。

如山坐乙酉向對乙夘水山水向若遇真龍貴格見乾壬癸水

来朝流甲乙巽去乾壬為武曲癸為梖艮為皷甲為驛馬乙

咒

為旗、巽為御街、五年便發申子辰年愈盛、十一、十八年出貴、

二十六年官爵顯、七代科甲、若坤丁水來流、乙甲艮去、又加

壬癸水來會局、坤為四吉、丁為三奇、合此格、主大富大貴、九

年便發、十七年大貴、二十四年官陞極品、打鼓迎官諸吉云、

小神中神入大神子孫一定出朝臣、若水流艮去復旋轉折

流甲乙巽宮、福力更大、代々榮華富貴綿遠、古云、重々幾折

御街去萬世公卿享此祿、若巽丙水來流癸壬去、便凶、主酒

色賭博敗家

乙酉透地、內音水龍飛禽、井木犴臨宮。○乙辰為太陽宜小峯
漢聲聚遠

高為癸丑為左輔秀麗　艮寅為右弼宜秀峯遠照　甲卯為騰雲

上

魁

宜遠峯巽巳為驛馬、遠宜天馬高聳為上、諸星應位、水流巽

端朝、近宜低阜重人護衞、

去主父子兄弟同科、○若係此龍入首主黃白赤砂馬骨土

或襟色小黃土、

此龍自畢宿一度至畢六度止、畢六度屬火係陰差陽錯之

度又犯閞殺主牢獄刑杖孤寡壽夭敗絕、畢五度屬火凶

星吉度禍與上度等、畢四度屬火係正庚乙酉穿山分界

之度不取、畢三度屬火体雖用為財帛主人丁財富亦出

小耿官貴、畢二度一度俱屬火值天皇八座吉星守度應

子孫蕃衍滿門科第位列公卿世代顯榮富貴兼全房~興

旺、

酉山卯向偏庚甲、坐丁酉穿山宮位、天孤水星管局、

天孤龍位殺星逢、貴既難成富後空、或有顯榮隨敗滅、

孤兒寡婦免捶胸、

如山坐丁酉向對丁卯火山火向、若見丁丙巽水過堂、流甲寅

艮去破貪狼雖發財易絕、若丑艮寅甲水過堂、流巽丙丁去、

破武曲、主子孫下賤貧苦、如遇真龍、見癸艮甲水來朝與丁

丙巽水交會於卯、從卯位當面之玄流去、亦主先敗七年稍

旺、九年發福十五十八年財旺龍貴出貴水命人應、此宮雖

合貴格、凶火龍死在酉、雖發不能長久三十三年後定然退

敗、況天孤星守宮多主孤寡、金命最不利、

乙

丁酉透地納音火龍、飛禽尾火虎臨宮。○本体綱領不吉砂格
不開。○若係此龍入首、主黃沙馬骨土、兼有小石成堆、

此龍自昴宿六度至昴十一度止、昴十一度屬木、用生体、為
不利。○昴六度屬木、犯閞殺主子息艱難、刑尅最重孤寡敗

度、不取。○昴九度、八度、七度、俱屬木、主初代富貴興旺、久後

印綬主人財興旺、昴十度屬木、係与酉丁酉穿山分界之

绝

酉山卯正向、坐巳酉穿山宮位、天運土星管局、
龍居天運氣清明。�’捩起聲名遠近驚。
児孫代々位公卿。　润屋輝宗家道盛。

如山坐巳酉，向對巳邜，土山土向，喜壬癸水朝流，巽去壬為武

曲癸為槌，艮為皷，甲為祿馬，乙為旗，巽為御街，加之真龍貴

榕四五年便發，申子辰年愈盛，十一、十八年出貴，二十六年

官賊題房々，興旺代々，纏紫滿門清貴，應出朝官侍郎、九代

荣萆若水流壬子癸去，主顛倒貧困

巳酉透地納音土龍，飛禽昴日鶏臨官。辰為太陽宜小峯叢

吉，丑為左輔宜高峯，寅為右弼遠照，卯為騰雲端朝，巳

為駙馬近宜低阜重々，遠宜高峯似馬，諸星應位，水流巽去，主父子兄弟同

科。若係此龍入首，主黃砂馬骨粉土、

此龍自胃宿十五度至昴五度止　昴五度屬土，係丁酉巳酉

穿山分界之度不取、昴四度、三度、二度俱属土、体用一氣、

昴禽昴宿聚會同宮齊入垣昇殿俱值黄道吉星守度主

蔭公卿世代科甲滿門朱紫富貴高壽子孫千億内二度值

空亡、但刑傷小疵亦有不為大害玄女云、已酉山下多榮貴、

世代為官爵禄崇、昴一度属木、犯関殺主刑尅消敗、胃

十五度属水、係巳酉辛山分界之度犯関殺出聲啞、

酉山卯向偏辛乙坐辛酉穿山宮位天賦木星冒局

天賦龍宮禄位崇。為官指日至三公。滿門朱紫人之羨。

不僅田園作富翁。

如山坐辛酉、向對辛卯、木山木向喜艮甲乙水来朝、流丙丁坤

去艮甲為武曲、乙為槌、巽為破、丙為祿馬、丁為旗、坤為御街、

加之真龍貴格八年便發十七年出貴二十一年富貴双全、

二十六年位至三公、七代榮華、若水不到街先去主才高不

第、古云、馬不上街官不至、秀才空說好文章、水倒左去犬凶、

辛酉透地納音木龍飛禽亢金龍臨宮。卯乙為少微宜高秀、辰

巽為左輔、宜高已丙為右彌宜遠峯寅甲為天祿宜高丑艮

為食祿宜高峯諸星應位水流坤去主文武顯貴。若係此

龍入首主黃白砂石馬骨土或黃白坭土、

此龍自胃九度至胃十四度止、　胃十四度屬水凶星占度主

刑傷破敗官災橫禍、　胃十三度屬水為印綬主財穀豐富、

子孫多壽。

胃十二度、十一度俱屬水、又值吉星守度、陰少

年科第官至三公代：福壽兼全。胃十度屬金、係辛酉癸

酉穿山分界之度不取、胃九度屬金用剋体主僧道壽堅

辛山乙向偏酉卯、坐癸酉穿山宮位、天權金星管局

天權龍位產神童。継世高科爵祿崇。麟趾縄々聰俊品。

佩紳縉笏面君容。

如山坐癸酉向對癸卯金山金向喜丙巽水朝流甲寅艮去丙

為貴人巽為四吉乙為三奇祿馬甲為門旗艮為御街加之

真龍貴格、六年便發已。酉丑年愈盛十、十五年出貴二十四年

官畟高陞五代大顯神童及第若水流巽丙去少凶凶禍

癸酉透地納音金，龍飛禽女土蝠臨宮。○乙卯為應龍、宜秀峯磊落遠朝端。亥壬為右獅、艮丑為太陽、坤未為食祿、秀麗近宜低阜〔三星遠宜高峯〕莊。丙巳為紫微、宜端聳、諸星應位、水流艮去、主狀元顯貴。○雄昂

若係此龍入首、主黃赤土。

此龍自胃宿三度、至胃八度止。胃八度、七度俱屬金、体用同氣、皆值吉星守度、主富貴双全、子孫聰俊、文章蓋世、神童及策掌握重權、世代朱紫。胃六度屬土、用生体、又值吉星守庹發與上二度相生、胃五度屬土、係癸酉正辛穿山分界之度不取。胃四度屬土、主人財興盛、易發易敗、胃三度屬土犯關殺、又值陰陽差錯之度、主少亡孤寡敗絕。

辛山乙向、坐正辛穿山宮位、破祿星管局

龍名破祿無真結。此位營謀便絶滅。

三旬五載謹防跌。任是眼前乘駿馬。

如山坐正辛、向對正乙、係酉戌分界為陰差陽錯之位、若丁丙

巽水來朝、與艮甲水會於卯、從卯乙之玄流去宜坐甲戌透

地借火局收水、僅主十八年、平安發財、三十年後、顛倒退敗

此位火氣未絶、不能常保無禍、若水流丙巽甲艮去主子孫

遊蕩忤逆敗絶、右二度半載前二度癸酉透地宮內、度不吉

右二度半載後甲戌透地宮內、只爭一度稍吉

辛山乙向偏戌辰、坐甲戌穿山宮位、天尾火星管局

穴居天尾動人驚。　　日後身榮顯大名。弓馬詩書聰俊子。

合家倉庫悉盈盈。

如山坐甲戌向對甲辰火山火向喜丙丁巽水來朝與癸艮甲

水交會於外從卯宮之玄流去艮為四吉癸為三奇丁為貴

人甲為馬巽為武曲卯為御溝加之真龍貴格七年便發九

年大旺寅午戌年愈盛十五年出貴十八年大富二十六年

富貴榮顯文武双全五代大發房〻與隆此宮火臨墓地為

破軍主初年凶禍乃破軍凶氣發泄故也若乙卯當面水來

流甲艮去主孤寡自縊溺亂少亡流丙丁去主離鄉貧苦

甲戌透地納音火龍飛禽虛日鼠臨宮○乙辰為食禄宜秀峯端朝

艮寅為紫微、丙午為少微、如笏如戟、二星宜峯高、諸星應位、水流卯去

主大富文武科甲○若係此龍入首主赤砂馬骨土

此龍自婁宿九度、至胃二度止　胃二度屬水、係陰差陽錯之

度又犯關殺主投河自縊牢獄横禍敗絶　胃一度屬水用

雖剋体水臨胃宿胃本屬土、水已受制於土又加吉星守度、

主初代衣食豐足後難守成　婁十二度屬水、係正辛甲戌

穿山分界之度不取、婁十一度、十度、俱屬水又加婁金生

之剋体力重主破敗離鄉孤寒絶滅　婁九度屬金体剋用

為財帛、又值吉星守度主田連阡陌支武高科出仕房^分^共

旺、

富

戌山辰向偏辛乙坐丙戌穿山宫位、天庫土星管局

天庫龍宫發福溥　前程高拔光宗祖　財源滾〻少同儔

廣譽紛〻孰是伍

如山坐丙戌向對丙辰、土山土向喜壬癸水朝過堂與丁坤水

來交會合流與去壬為武曲癸為槌艮為跛甲為禄馬坤為

四吉丁為三竒乙丙為旗巽為御街加之真龍貴格、五年便

癸九年大旺、申子辰年愈盛、十一十七八年犮〻及第二十

四年高陞、二十六年大發癸福悠久代〻荣華若甲乙與丙

水來破局主離鄉單賦瘟疫死亡若流丁未坤去主絶、

丙戌透地納音土龍飛禽鬼金羊臨宫〇丑癸為左輔、宜秀峯高過於

裹、未丁為明龍、宜與丑午丙為應龍辰乙為太陽遠朝、二星宜寅

艮為右弼、宜遠、諸星應位、水流巽去主出公庶〇若係此龍

入首主白砂馬骨土或白黃泥土

此龍自婁宿三度至婁八度止　　婁八度屬金、体生用為福德

又值吉星守度主富貴官至外即諫議大夫才高德孝、世代

興隆、婁七度屬金、係甲戌丙戌穿山分界之度不取、婁

六度五度俱屬金主巨富人丁興旺、婁四度屬金吉星守

度主子孫奴之科第位列公庶富堪獻國人旺壽堅發福悠

久婁三度屬金犯關殺主產厄刑傷跛足缺唇、逃亡流寇

戌山辰正向坐戌戌穿山宮位、遊蕩木星管局、

穴居遊蕩真狼毒。　男女甲徵忍恥辱。　雖有家資空滿堂。

始終名喪誠难𡨚。

如山坐戌戌向對戌辰、朱山木向、見艮甲夘乙水来朝、流巽丙

丁去来自玄武、去由廉貞、他宮逢之最吉、獨此宮不然、偏應

下賤發福、盖戌戌乃魅是地㧞殺星謂之遊蕩縱遇真龍、吉

水合局平民誤葬初年橫禍敗家必使變艮為賤男奴女妓

靠人便發、二十六年三十二年應得橫財起家三十九年大

富子孫大旺若娼僕葬後人財遂旺並不降禍若未丁午丙

水来流夘甲艮去主盜賊乞丐投軍敗絶

戌戌透地、納音木龍、飛禽箕水豹臨宮。○本体下賤不載砂格、

○若係此龍入首主黃黑砂粗石馬骨土

此龍自奎宿十五度至婁二度止 婁二度屬火係丙戌戊戌

穿山分界之度又犯関殺不取 婁一度屬火惜乎戊戌乃

平地木也不宜火楚又臨魁罡地網之宮自然降禍必為妓

為奴方脫此难章喜天倉吉星守度故應下眎發福屢得橫

財起家金銀滿室子孫裳多 奎十八度十七度俱屬火值

空亡主刑獄自溢敗絕 奎十六度屬火主平安吳旺不及

婁一度 奎十五度屬火係戊戌庚戌穿山分界之度不取

戊山辰向偏乾巽坐庚戌穿山宮位金藏金星管局

金藏龍宮主富豪 更兼子息耀宗祧 早登甲第朝金闕

後代榮華復駕鰲。

如山坐庚戌向對庚辰金山金向喜丙巽水朝流乙甲艮去丙

為貴人巽為四吉乙為三奇禄馬甲為門祺艮為御街加之

真龍貴格六年便發巳酉丑年愈盛十一、十五、二十四年重

重出貴三十年双提入朝堂七代科第富貴双全加坤申水

來會局更美水若流巽丙坤去逃亡破敗、

庚戌透地納音金龍飛禽畢月烏臨宮〇辰巽為三奇明龍宜秀

峯高申庚為天禄宜高峯子癸為騰雲近遠宜高峯秀麗寅甲

朝峯拱朝二星宜遠諸星應位水流艮去主滿門

為驛馬午丁為官禄秀端莊

科甲〇若係此龍入首主黄白砂石馬骨大

此龍自奎宿九度至奎十四度止　奎十四度屬火、用尅体、主

刑傷破敗。　奎十三度屬木、体尅用、為財帛、主人財大旺、亦

能出貴。　奎十二度屬木、吉星守度、主大富大貴、代：登科

及第、位至公卿、發福綿遠、　奎十一度屬木、發福稍次上度、

奎十度屬木、係庚戌壬戌穿山分界之度不取、　奎九度

屬木、凶星占度、主刑妻尅子人丁不旺。

乾山巽向偏戌辰坐壬戌穿山宮位、印庫水星管局、

龍名印庫福誠儻。　科甲爭先咏有裝。　珍玩無窮藏府庫。

與隆世代恒全美。

如山坐壬戌、向對丙辰、水山水向喜癸壬艮水来朝、與庚坤丁

水交會合流巽去癸為槌艮為詖甲為祿馬庚為貴人坤為

四吉丁為三奇乙丙為門旗巽為御街加之真龍貴格五年

便發九年大旺申子辰年愈盛十一二十七十八年出貴二十

四二十六年間富貴並隆代代榮華房二興旺發福悠久古

云御街水去出文貴廉貞去水應出武若當面巽丙乙水來

朝主山禍冷退、

壬戌透地納音水龍飛禽氐土貉臨官○艮丑為佐輔宜峯高

坤未為明龍宜興艮貼午丁為應龍宜遠巽辰為太陽宜遠朝甲

寅為右貉峯秀諸星應位水流巽去主出公矦○若此龍入

首主黃黑粉砂馬骨土

此龍自奎宿三度至奎八度止，奎八度屬火、体剋用為財帛、

主大富田地廣、亦出貴。奎七度、六度俱屬火皆值吉星守

度富貴双全、高科及第、位居極品、世代榮華、奎五度屬火、

係壬戌正乾穿山分界之度、不取，奎四度屬火主發福旺

財虛名不貴，奎三度屬火、係陰陽差錯之度主孤寡破敗

逃竄、

乾山巽向坐正乾穿山宮位死氣星管局、

星名死氣非佳穴，坐視兒孫都早滅，就遇真龍或暫興、

囬頭便以湯澆雪。

如坐坐正乾、向對正巽、係戌亥分界陰差陽錯之侯、見庚坤丁

水来朝、流巽乙去宜坐壬戌透地、借水局論、可保三十年平

安、巽坎後主癆病少亡消敗、誤坐乙亥透地禍速可見病死

水来立見敗絶、右二度半載前壬戌透地宮內只奎四度稍

吉、不久、左二度半載後乙亥透地宮內無吉度、

乾山巽向兼亥巳坐乙亥穿山宮位、天刑火星管局、

天刑龍位休稱頌、四十餘年有悔痛、縱使良田千萬垅、

將来敗盡終何用、

如山坐乙亥向對乙巳、火山火向若見丁丙巽水来朝與艮寅

甲水交會合流卯乙而去、加之真龍貴格、僅主一二代富足、

五年得氣九年便發、寅午戌年旺、十八二十六年間得横財、

工

三十年後、人丁大旺、四十年外見血光刑傷、八十年內定消

條若艮甲水来、三十年定絶若流巽丙丁去、主貧窮少亡牢

獄離鄉、

乙亥透地、納音火龍飛禽危月燕臨宮、○本体無氣、砂格不開、

○若係此龍入首主白砂馬骨土或白黄坭土帶小石、

此龍自壁宿七度至奎二度止、奎二度屬火、係陰錯陽差之

度、主少亡孤寡敗絶、劉一度屬土太凶星古度主癀瘇瘋癰

殘疾、壁十度屬土、係正乾乙亥穿山分界之度、不取、壁

九度屬土、主人丁與旺農食堪足、壁八度屬土、吉星守度、

主一二代大發浮横財田地人丁茂盛後湏急求吉地救之

壁七度屬土、凶星占度、主少亡殘疾消條、

亥山巳向偏乾巽、坐丁亥穿山宮位、天官土星管局、

天官位下皇恩渥。　禮樂詩書宣木鐸。　科弟傳家多顯揚。

爵高祿重旋陞閣。

如山坐丁亥向對丁巳、土山土向喜庚坤壬丁来朝流巽去、庚

為貴人坤為四吉、丁為三奇、丙為門旗巽為御街、再加艮丑

癸水来會最吉癸為槌艮為皷甲為禄馬古云癸丑艮水巧

拱龍庚坤二水喜相逢曲朝交會流巽去方知地理奪神功、

加之真龍貴格、五年便發九年大旺申子辰年愈盛十一年

富貴兼全、十七八年耶登及第二十四年高陞二十六三十

年入相發福綿遠代〻榮華水過巽流甲去主武貴水倒右

流丁坤去大凶

丁亥透地、納音土龍飛禽柳土獐臨宮。卯甲為騰雲、宜尖峯遠聳、

坤申為紫微秀麗、宜峯高、寅艮為右彌宜遠峯、未丁為明龍宜高遠峯齊

天巳巽為驛馬宜遠峯、諸星應位水流巽去主聰登科蔭為

官清廉。○若係此龍入首主赤泥夾石土

此龍目壁一度至壁六度止　壁六度屬土五度屬水俱犯關

殺主少亡產厄惡病凶禍　壁四度屬水主先富後貴人丁

大旺田地廣置福壽双全　壁三度、二度俱屬水皆值吉星

守度蔭子孫世代科甲位列三公女封一品富貴綿〻壁二

一度屬水、與前四度相同、

亥山巳向、坐正巳亥穿山宮位、生福木星管局、

龍稱生福多文彩。　年少為官真樂愷。　名播四方身出題。

財藏滿屋如滄海。

如山坐巳亥、向對巳巳、木山木向喜艮甲乙水來朝、流丙丁坤、

去、艮甲為武曲、乙槌槌巽為鼓、丙為祿馬丁為旗、坤為御街、

加之真龍貴格、八年便發亥卯未年愈盛十七、二十八、二十

六年出貴三十年大富代：

三十九年大旺、五十年後裏敗水流乙甲去主子孫貧窮、

與隆水流丙丁去主一代富是。

巳亥透地納音木龍飛禽斗木獬臨宮。巳為右殯宜遠峯酉朝

為應龍、宜峯秀、未為太陽、宜遠峯、丑為食祿、遠宜高峯、近宜低皁、卯為端莊、

少微宜高峯、諸星應位、水流坤去主富貴双全〇若係此龍
　　秀麗

入首主赤砂馬骨土或赤泥帶石土

此龍自室宿十二度至室十七度止　室十七度屬水、係丁亥
已亥穿山分界之度不取　室十六度屬木、体用飛禽一氣

自坐長生又值吉星守度主少年科第名播四方富比石崇、

代〻榮華、室十五度、十四度、俱屬木、係空亡、亦主富貴、但

嗣息艱难、多出跎子、　室十三度屬木、值符鈇吉星守度、主

巨富顯貴聰明科甲耿掌重權發福綿遠、室十二度屬木、

係已亥辛亥穿山分界之度、不取

亥山巳向偏壬丙坐辛亥穿山宮位、金明金星管局、

明龍体貴照乾坤。及第联翻子復孫。貴在三御富並國。

年高百歳擬崑崙。

如山坐辛亥向對辛巳金山金向喜巽丙水朝流甲艮去戌浸

午丁去亦吉又加庚坤水来會局庚坤為武曲丙為貴人巽

為四吉乙為三奇甲為門旗午為御溝艮為御街加之真龍

貴格主聰明才子少年及第六年便崇已酉丑年愈盛十一

十五年出貴二十四年位至公卿三十九年富可敵國世乞

聰芳房之共旺人之壽高發福綿遠若水流坤庚去主滛邪

少亡貧賤。

辛亥透地納音金龍，飛禽脊火猴臨宮。巳丙為紫微，宜高峯秀麗

艮丑為太陽宜低卓未坤為食祿宜秀峯尖卯乙為應龍，宜高遠

酉辛為少微宜高峯諸星應位，水流艮去主屢世科第。○若

係此龍入首主白紅夾石潤色土。

此龍自室宿六度，至室十一度。室十一度屬木十度屬金俱

犯関殺主瘝病少亡爭訟。室九度屬金体用合氣又值天

皇吉星守度主大富大貴神童科甲狀元王侯卿相富貴綿

遠世代官祿不絕。室八度屬金亦主先富後貴子孫聰明

人丁大旺較九度次之。室七度屬金係辛亥癸亥穿山分

界之度不取。室六度屬金荄福與八度相荂

壬山丙向偏亥巳，坐癸亥穿山宮位，天富水星管局，

天富龍宮佩組綬，威名嚇々財豐厚。出謀發慮展才能，

孝子忠臣無出右。

如山坐癸亥向對癸巳水山水向喜庚坤丁水来朝流巽去庚

為貴人坤為四吉丁為三奇，丙為門旗巽為御街加之真龍

貴格，九年便發申子辰年愈盛，十七年出貴二十四年貴入

廟廟爵祿高崇九代荣華孝義水若過巽流甲去主初代六

年退削十一年大旺盖甲為禄馬水破禄位馬不上街甲與

卯同宮卯數六故初六年不利若水倒右去大凶

癸亥透地納音水龍飛禽房日兔臨宮，乙卯為騰雲，宜尖峯遠聳

庚申為紫微、宜峯高秀、甲寅為右弼、宜遠峯、坤未為明龍、宜端巳丙

為驛馬、宜遠峯、諸星應位、水流巽去、主兄弟聯科、為官清廉

〇若係此龍入首主黃白泥夾石土

此龍自危宿十六度至室五度止、室五度屬金、四度屬火俱

犯關殺主刑傷破敗孤寡少亡、室三度屬火為財帛又值

吉星守度主子孫忠孝少年科第官至尚書、代：榮華富貴

綿遠〇室二度屬火係癸亥正壬穿山分界之度、不取、室一

度屬火主人丁財富子孫清高但發不久、危十六度屬火

係陰差陽錯之度、父犯關殺主疾病少亡孤寡敗絕、

壬山丙向、坐正壬穿山宮位、死人星管局、

死人龍位勿搜尋。可恨庸師枉用心。破敗不堪人早喪。

金針渡世實情深。

如山柴正壬，向對正丙係亥子分界陰陽差錯之位，此宮無定

主吉凶水法莫辨，扦此主瘟火少亡惡獸相傷敗絕，若見庚

坤水來流巽去，果係真龍宜坐癸亥透地，借水局收之可發

一代後亦顛倒少亡大凶，右二度半載前癸亥透地宮內只

室一度稍吉，左二度半載後甲子透地宮內只危十一度稍

吉。

七十二龍穿山透地水法秘訣終

坐向對度便覽

刊 刊 卯 未 寅 剕

危十五度 對 張十八度 女五度 對 柳八度 斗五度 對 井十度

危十四度 對 張十七度 女四度 柳七度 斗四度 井九度

危十三度 對 張十六度 女三度 柳六度 斗三度 井八度

危十二度 張十五度 女二度 對 柳五度 斗二度 井七度

危十一度 張十四度 女一度 柳四度 斗一度 井六度

危十度 張十三度 牛七度 柳三度 箕九度 對 井五度

危九度 張十二度 牛六度 柳二度 箕八度 井四度

危八度 對 張十一度 牛五度 對 柳一度 箕七度 井三度

危七度　對　張十度　牛四度　對　鬼二度　箕六度　對　井二度

危六度　　　張九度　牛三度　　　鬼一度　箕五度　　　井一度

危五度　　　張八度　牛二度　　　井三十度　箕四度　　　參九度

危四度　　　張七度　牛一度　　　井廿九度　箕三度　　　參八度

危三度　　　張六度　斗廿三度　　　井廿八度　箕二度　　　參七度

危二度　　　張五度　斗廿二度　　　井廿七度　箕一度　　　參六度

危一度　　　張四度　斗廿一度　　　井廿六度　尾八度　　　參五度

虛九度　　　張三度　斗二十度　　　井廿五度　尾七度　　　參四度

虛八度　　　張二度　斗十九度　　　井廿四度　尾十六度　　　參三度

虛七度　　　張一度　斗十八度　　　井廿三度　尾十五度　　　參二度

虛六度　對　星六度　　斗十七度　對　井廿二度　　尾十四度　對　參一度

虛五度　星五度　　斗十六度　井廿一度　　尾十三度　觜一度

虛四度　星四度　　斗十五度　井二十度　　尾十二度　畢十六度

虛三度　星三度　　斗十四度　井十九度　　尾十一度　畢十五度

虛二度　星二度　　斗十三度　井十八度　　尾十度　畢十四度

虛一度　星一度　　斗十二度　井十七度　　尾九度　畢十三度

女十一度　柳十四度　　斗十一度　井十六度　　尾八度　畢十二度

女十度　柳十三度　　斗十度　井十五度　　尾七度　畢十一度

女九度　柳十二度　　斗九度　井十四度　　尾六度　畢十度

女八度　柳十一度　　斗八度　井十三度　　尾五度　畢九度

女七度對柳十度　斗七度　井十二度　尾四度對畢八度

女六度　柳九度　斗六度　井十一度　尾三度　畢七度

卯　酉　辰　戌　巳　亥

尾二度對畢六度　亢九度對胃二度　軫十度對奎二度

尾一度　亢八度　胃一度　軫九度　奎一度

心六度　亢七度　婁十二度　軫八度　壁十度

心五度　亢六度　婁十一度　軫七度　壁九度

心四度　亢五度　婁十度　軫六度　壁八度

心三度　亢四度　婁九度　軫五度　壁七度

心二度　亢三度　婁八度　軫四度　壁六度

昴十一度

心一度 對	亢二度 對	房六度	房五度	房四度	房三度	房二度	房一度	氐十六度	氐十五度	氐十四度
昴十度	婁七度	昴九度	昴八度	昴七度	昴六度	昴五度	昴四度	昴三度	昴二度	昴一度
角六度	軫三度 對	角七度	角八度	角九度	角十度	角十一度	角十二度	奎十六度	奎十七度	奎十八度
翌十三度	壁五度	翌十四度	翌十五度	翌十六度	翌十七度	翌十八度	翌十九度	室十五度	室十四度	室十三度

氐十三度　對　胃十五度　　角五度　對　奎十五度　　翌十三度　對　室十一度

氐十二度　　　胃十四度　　　角四度　　　奎十四度　　　翌十二度　　　室十二度

氐十一度　　　胃十三度　　　角三度　　　奎十三度　　　翌十一度　　　室十度

氐十度　　　　胃十二度　　　角二度　　　奎十二度　　　翌十度　　　　室九度

氐九度　　　　胃十一度　　　角一度　　　奎十一度　　　翌九度　　　　室八度

氐八度　　　　胃十度　　　　軫十八度　　奎十度　　　　翌八度　　　　室七度

氐七度　　　　胃九度　　　　軫十七度　　奎九度　　　　翌七度　　　　室六度

氐六度　　　　胃八度　　　　軫十六度　　奎八度　　　　翌六度　　　　室五度

氐五度　　　　胃七度　　　　軫十五度　　奎七度　　　　翌五度　　　　室四度

氐四度　　　　胃六度　　　　軫十四度　　奎六度　　　　翌四度　　　　室三度

氐三度　對　胃五度

氐二度　　軫十三度　對　奎五度

氐一度　胃四度　奎四度　翌三度　對　室二度

　　胃三度　軫十二度　奎三度　室一度

　　軫十一度　翌一度　危十六度

七十二穿山出龍歌訣

計三百六十對度終

五行長生法用定例

雖然癸巽初代美。乙未壬辰豈善絡。

庚辛乾壬艮甲富。乙丙丁坤穿山位。就遇真龍也欠通。

已丑壬寅丁巳出。癸巳甲午庚申同。丁酉戌戌乙亥地。

金生在巳。火生在寅。木生在亥。水土生居申。

納音五行定例

甲子乙丑海中金。　丙寅丁卯爐中火。　戊辰己巳大林木。

庚午辛未路傍土。　壬申癸酉劍鋒金。　甲戌乙亥山頭火。

丙子丁丑澗下水。　戊寅己卯城頭土。　庚辰辛巳白臘金。

壬午癸未楊柳木。　甲申乙酉井泉水。　丙戌丁亥屋上土。

戊子己丑霹靂火。　庚寅辛卯松柏木。　壬辰癸巳長流水。

甲午乙未沙中金。　丙申丁酉山下火。　戊戌己亥平地木。

庚子辛丑壁上土。　壬寅癸卯金箔金。　甲辰乙巳覆燈火。

丙午丁未天河水。　戊申己酉大驛土。　庚戌辛亥釵釧金。

壬子癸丑桑柘木。　甲寅乙卯大溪水。　丙辰丁巳沙中土。

戊午己未天上火。

庚申辛酉石榴木。

壬戌癸亥大海水

心一堂術數古籍珍本叢刊　第一輯書目

	占筮類		
1	擲地金聲搜精秘訣	心一堂編	秘鈔本沈氏研易樓藏稀見易占
2	卜易拆字秘傳百日通	心一堂編	
3	易占陽宅六十四卦秘斷	心一堂編	火珠林占陽宅風水秘鈔本
	星命類		
4	斗數宣微	【民國】王裁珊	民初最重要斗數著述之一；未刪改本
5	斗數觀測錄	【民國】王裁珊	失傳民初斗數重要著作
6	《地星會源》《斗數綱要》合刊	心一堂編	失傳的第三種飛星斗數
7	《斗數秘鈔》《紫微斗數之捷徑》合刊	心一堂編	珍稀「紫微斗數」舊鈔秘本
8	斗數演例	心一堂編	秘珍本斗數全書本來面目；有別於錯誤極多的坊本
9	紫微斗數全書（清初刻原本）	【宋】陳希夷	別於錯誤極多的坊本
10–12	鐵板神數（清刻足本）——附秘鈔密碼表	【宋】邵雍	開！ 秘鈔密碼表 首次公無錯漏原版
13–15	蠢子數纏度	【宋】邵雍	打破數百年秘傳 首次公開！ 蠢子數連密碼表
16–19	皇極數	【宋】邵雍	密碼表 清鈔孤本附起例及完整研究神數必讀！
20–21	邵夫子先天神數	【宋】邵雍	研究神數必讀！ 附手鈔密碼表
22	八刻分經定數（密碼表）	【宋】邵雍	皇極數另一版本； 附手鈔密碼表
23	新命理探原	【民國】袁樹珊	子平命理必讀教科書！
24–25	袁氏命譜	【民國】袁樹珊	
26	韋氏命學講義	【民國】韋千里	民初二大命理家南袁
27	千里命稿	【民國】韋千里	北韋之命理經典
28	精選命理約言	【民國】韋千里	北韋
29	滴天髓闡微——附李雨田命理初學捷徑	【民國】袁樹珊、李雨田	命理經典未刪改足本
30	段氏白話命學綱要	【民國】段方	易懂 民初命理經典最淺白
31	命理用神精華	【民國】王心田	學命理者之寶鏡

編號	書名	作者	說明
32	命學探驪集	【民國】張巢雲	發前人所未發
33	澹園命談	【民國】高澹園	
34	算命一讀通——鴻福齊天	【民國】不空居士、覺先居士合纂	稀見民初子平命理著作
35	子平玄理	【民國】施惕君	
36	星命風水秘傳百日通	心一堂編	
37	命理大四字金前定	題【晉】鬼谷子王詡	
38	命理斷語義理源深	心一堂編	活套 源自元代算命術及 稀見清代批命斷語
39–40	文武星案	【明】陸位	失傳四百年《張果星宗》姊妹篇 千多星盤命例 研究命學必備
相術類			
41	新相人學講義	【民國】楊叔和	失傳民初白話文相術書
42	手相學淺說	【民國】黃龍	經典 民初中西結合手相學
43	大清相法	心一堂編	
44	相法易知	心一堂編	重現失傳經典相書
45	相法秘傳百日通	心一堂編	
堪輿類			
46	靈城精義箋	【清】沈竹礽	
47	地理辨正抉要	【清】沈竹礽	
48	《玄空古義四種通釋》《地理疑義答問》合刊	沈瓞民	
49	《沈氏玄空吹虀室雜存》《玄空捷訣》合刊	沈瓞民	沈氏玄空遺珍
50	漢鏡齋堪輿小識	【民國】查國珍、沈瓞民	
51	堪輿一覽	【清】孫竹田	失傳已久的無常派玄空經典
52	章仲山挨星秘訣（修定版）	【清】章仲山	章仲山無常派玄空珍秘
53	臨穴指南	【清】章仲山	門內秘本首次公開
54	章仲山宅案附無常派玄空秘要	心一堂編	沈竹礽等大師尋覓一生 末得之珍本！
55	地理辨正補	【清】朱小鶴	玄空六派蘇州派代表作
56	陽宅覺元氏新書	【清】元祝垚	簡易·有效·神驗之玄空陽宅法
57	地學鐵骨秘 附 吳師青藏命理大易數	【民國】吳師青	釋玄空廣東派地學之秘
58–61	四秘全書十二種（清刻原本）	【清】尹一勺	玄空湘楚派經典本來面目 有別於錯誤極多的坊本

編號	書名	著者	提要
62	地理辨正補註 附 元空秘旨 天元五歌 玄空精髓 心法秘訣等數種合刊	【民國】胡仲言	貫通易理、巒頭、三元、三合、天星、中醫
63	地理辨正自解	【清】李思白	公開玄空家「分率尺、工部尺、量天尺」之秘
64	許氏地理辨正釋義	【民國】許錦灝	民國易學名家黃元炳力薦
65	地理辨正天玉經內傳要訣圖解	【清】程懷榮	秘訣一語道破、圖文并茂
66	謝氏地理書	【民國】謝復	玄空體用兼備、深入淺出
67	論山水元運易理斷驗、三元氣運說附紫白訣等五種合刊	【宋】吳景鸞等	失傳古本《玄空秘旨》《紫白訣》
68	星卦奧義圖訣	【清】施安仁	
69	三元地學秘傳	【清】何文源	
70	三元玄空挨星四十八局圖說	心一堂編	鈔孤本　清
71	三元挨星秘訣仙傳	心一堂編	過去均為必須守秘不能公開秘密
72	三元地理正傳	心一堂編	
73	三元天心正運	心一堂編	與今天流行飛星法不同
74	元空紫白陽宅秘旨	心一堂編	
75	玄空挨星秘圖 附 堪輿指迷	心一堂編	
76	元空地理辨正圖說 附 地理九星并挨星真訣全圖 秘傳河圖精義等數種合刊	心一堂編	
77	姚氏地理辨正圖說	【清】姚文田等	
78	元空法鑑批點本——附 法鑑口授訣要、秘傳玄空三鑑奧義匯鈔 合刊	【清】曾懷玉等	蓮池心法 玄空六法門內秘鈔本首次公開
79	元空法鑑心法	【清】曾懷玉等	三元玄空門內秘笈　清
80	曾懷玉增批蔣徒傳天玉經補註【新修訂版原（彩）色本】	【清】項木林、曾懷玉	
81	地理辨正揭隱（足本） 附連城派秘鈔口訣	【民國】俞仁宇撰	揭開連城派風水之秘
82	地理學新義	【民國】王邈達	
83	趙連城傳地理秘訣附雪庵和尚字字金	【明】趙連城	
84	趙連城秘傳楊公地理真訣	【明】趙連城	深入淺出、內容簡核、巒頭風水之秘
85	地理方外別傳	仗溪子、芝罘子	巒頭風水、內容簡核、深入淺出
86	地理法門全書	【清】熙齋上人	巒頭形勢、「望氣」
87	地理輯要	【清】余鵬	「鑑神」「望氣」
88	地理秘珍	【清】錫九氏	集地理經典之精要
88	《羅經舉要》 附《附三合天機秘訣》	【清】賈長吉	清鈔孤本羅經、三合訣 法圖解 並茂，三合天星、圖文
89-90	嚴陵張九儀增釋地理琢玉斧巒	【清】張九儀	清初三合風水名家張九儀經典清刻原本！

編號	書名	作者	說明
91	地學形勢摘要	心一堂編	形家秘鈔珍本
92	《平洋地理入門》《巒頭圖解》合刊	【清】盧崇台	平洋水法、形家秘本
93	《鑒水極玄經》《秘授水法》合刊	【唐】司馬頭陀、【清】鮑湘襟	千古之秘，不可妄傳匪人
94	平洋地理闡秘	心一堂編	雲間三元平洋形法秘鈔珍本
95	地經圖說	余九皋	形勢理氣、精繪圖文
96	司馬頭陀地鉗	【唐】司馬頭陀	流傳極稀《地鉗》
97	欽天監地理醒世切要辨論	【清】欽天監	公開清代皇室御用風水真本
三式類			
98—99	大六壬尋源二種	【清】張純照	六壬入門、占課指南
100	六壬教科六壬鑰	【民國】蔣問天	由淺入深，首尾悉備
101	壬課總訣	心一堂編	過去術家不外傳的珍稀六壬術秘鈔本
102	六壬秘斷	心一堂編	
103	大六壬類闡	心一堂編	
104	六壬秘笈——韋千里占卜講義	【民國】韋千里	六壬入門必備
105	壬學述古	【民國】曹仁麟	依法占之，「無不神驗」
106	奇門揭要	心一堂編	集「法奇門」、「術奇門」精要
107	奇門行軍要略	【清】劉文瀾	條理清晰、簡明易用
108	奇門大宗直旨	劉毗	
109	奇門三奇干支神應	馮繼明	天下孤本　首次公開
110	奇門仙機	題【漢】張子房	虛白廬藏本《秘藏遁甲天機》
111	奇門心法秘纂	題【漢】韓信（淮陰侯）	奇門不傳之秘　應驗如神
112	奇門廬中闡秘	題【三國】諸葛武侯註	
選擇類			
113—114	儀度六壬選日要訣	【清】張九儀	清初三合風水名家張九儀擇日秘傳
115	天元選擇辨正	【清】一園主人	釋蔣大鴻天元選擇法
其他類			
116	述卜筮星相學	【民國】袁樹珊	民初二大命理家南袁北韋
117—120	中國歷代卜人傳	【民國】袁樹珊	南袁之術數經典

心一堂術數古籍珍本叢刊　第二輯書目

編號	書名	作者	說明
占筮類			
121	卜易指南（二種）	【清】張孝宜	民國經典，補《增刪卜易》之不足
122	未來先知秘術——文王神課	【民國】張了凡	內容淺白、言簡意賅、條理分明
星命類			
123	人的運氣	汪季高（雙桐館主）	五六十年香港報章專欄結集！
124	命理尋源		
125	訂正滴天髓徵義		
126	滴天髓補註　附　子平一得	【民國】徐樂吾	民國三大子平命理家徐樂吾必讀經典！
127	窮通寶鑑評註　附　增補月談賦　四書子平		
128	古今名人命鑑		
129–130	紫微斗數捷覽（明刊孤本）[原(彩)色本]　附　點校本（上）（下）	馮一、心一堂術數古籍整理編校小組 整理	明刊孤本　首次公開！
131	命學金聲	【民國】黃雲樵	民國名人八字、六壬奇門推命
132	命數叢譚	【民國】張雲溪	民國名人八字、百多民國名人命例
133	定命錄	【民國】張一蟠	民國名人八十三命例詳細生平
134	《子平命術要訣》《知命篇》合刊	撰【民國】鄒文耀、【民國】胡仲言	《子平命術要訣》科學命理；《知命篇》易理皇極、命理地理、奇門六壬互通
135	科學方式命理學	閻德潤博士	匯通八字、中醫、科學原理！
136	八字提要	韋千里	民國三大平命理家韋千里必讀經典！
137	子平實驗錄	【民國】孟耐園	作者四十多年經驗，占卜奇靈，名震全國！
138	民國偉人星命錄	【民國】囂囂子	幾乎包括所民初總統及國務總理八字！
139	千里命鈔	韋千里	失傳民初三大命理家韋千里代表作
140	斗數命理新篇	張開卷	現代流行的「紫微斗數」內容及形式上深受本書影響
141	哲理電氣命數學——子平部	【民國】彭仕勛	命局按三等九級格局、不同衡數互通借用
142	《人鑑——命理存驗·命理撷要》（原版足本）附《林庚白家傳》	【民國】林庚白	傳統子平學修正及革新、大量名人名例
143	《命學苑苑刊——新命》（第一集）附《名造評案》《名造類編》等	【民國】林庚白、張一蟠等撰	史上首個以「唯物史觀」來革新子平命學
相術類			
144	中西相人探原	【民國】袁樹珊	按人生百歲、所行部位、分類詳載
145	新相術	【美國】字拉克福原著、【民國】沈有乾編譯	通過觀察人的面相身形、色澤舉止等，得知性情、能力、習慣、優缺點等
146	骨相學	【民國】風萍生編著	結合醫學中生理及心理學，影響近代西、日、中相術界深遠
147	人心觀破術　附運命與天稟	著·【日】管原如庵、加藤孤雁原著·【民國】唐真如譯	觀破人心、運命與天稟的奧妙

編號	書名	作者	提要
148	《人相學之新研究》《看相偶述》合刊	盧毅安	集中外大成，無不驗；影響近代香港相術名家
149	冰鑑集	【民國】碧湖鷗客	各家相法精華、相術捷徑、圖文並茂附名人照片
150	《現代人相百面觀》《相人新法》合刊	【民國】吳道子輯	失傳民初相學經典二種　重現人間！
151	性相論	【民國】余晉龢	民初北平公安局專論相學與犯罪專著（犯罪學生物學派）
152	《相法講義》《相理秘旨》合刊	韋千里、孟瘦梅	命理學大家韋千里經典、傳統相術秘籍精華
153	《掌形哲學》附《世界名人掌形》《小傳》	【民國】余萍客	圖文並茂、附歐美名人掌形圖及生平簡介
154	觀察術	【民國】黃龍	可補充傳統相術之不足
堪輿類			
155	羅經消納正宗	【明】沈昇撰、【明】史自成，丁	失傳四庫存目珍稀風水古籍
156	風水正原	【清】余天藻	●積德為求地之本，形家古籍
157	安溪地話（風水正原二集）		●純宗形家，與清代欽天監地理風水主張大致相同
158	《蔣子挨星圖》附《玉鑰匙》	傳【清】蔣大鴻等	窺知無常派章仲山一脈真傳奧秘
159	樓宇寶鑑	吳師青	陽宅風水必讀、現代城市樓宇風水看法改革
160	《香港山脈形勢論》《如何應用日景羅經》合刊		香港風水山脈形勢專著
161	三元真諦稿本——讀地理辨正指南	【民國】王元極	被譽為蔣大鴻、章仲山後第一人
162	三元陽宅萃篇	【民國】王元極	內容直接了當，盡揭三元玄空家之秘
163	王元極增批地理冰海　附批點原本地理冰海	【清】王元極	極之清楚明白，披肝露膽
164	地理辨正發微	【清】唐南雅	
165–167	增廣沈氏玄空學　附　仲山宅斷秘繪稿本三種、自得齋地理叢說稿鈔	【清】沈竹礽	玄空必讀經典！附《仲山宅斷》幾種鈔本及批點本、畫龍點睛、披肝露膽
168–169	巒頭指迷（上）（下）	【清】尹貞夫原著、【民國】何廷珊增訂、批注	圖文並茂：龍、砂、穴、水、星辰九十九　刊印本未點破的秘訣　變淺露天機
170–171	三元地理真傳（兩種）（上）（下）	【清】高守中　【民國】王元極	
172	三元宅墓圖　附　家傳秘冊	【清】趙文鳴	蔣大鴻嫡派真傳張仲馨一脈二十種家傳秘本、宅墓案例三十八圖，並附天星擇日
173	宅運撮要	柏雲【民國】尤惜陰（演本法師）、榮	撮三集《宅運新案》之精要
174	章仲山秘傳玄空斷驗筆記　附　章仲山斷宅圖註	【清】章仲山傳、【清】唐鷺亭纂	章仲山無常派玄空珍秘
175	汪氏地理辨正發微　附　地理辨正真本	【清】蔣大鴻、【清】姜垚原著、【清】汪云吾發微	無常派玄空不外傳秘中秘！二宅實例有斷驗及改造內容
176	蔣大鴻家傳歸厚錄汪氏圖解	【清】蔣大鴻、【清】汪云吾圖解	蔣大鴻嫡派張仲馨一脈三元理、法、訣具體泄露
177	蔣大鴻嫡傳三元地理秘書十一種批注	【清】蔣大鴻原著、【清】汪云吾、【清】劉樂山註	三百年來最佳《地理辨正》註解！石破天驚！

心一堂術數古籍珍本叢刊　第二輯書目

編號	書名	作者	提要
178	《星氣(卦)通義(蔣大鴻秘本四十八局圖并打劫法)》《天驚秘訣》合刊	題【清】蔣大鴻 著	江西興國真傳三元風水秘本
179	蔣大鴻嫡傳天心相宅秘訣全圖附陽宅指南等秘書五種	【清】蔣大鴻編訂、【清】汪云	蔣大鴻徒張仲馨秘傳陽宅風水「教科書」！
180	家傳三元地理秘書十三種	吾、劉樂山註	真天宮之秘 千金不易之寶！
181	章仲山門內秘傳《堪輿奇書》附《天心正運》	【清】章仲山傳、【清】華湛恩	直洩無常派章仲山玄空風水不傳之秘
182	《挨星金口訣》、《王元極增批補圖七十二葬法訂本》合刊	【民國】王元極	玄空挨星真訣公開！字字千金，秘中秘！
183–184	《家傳三元古今名墓圖集附謝氏水鉗》《蔣氏三元名墓圖集》合刊	(清)孫景堂、劉樂山、張稼夫	蔣大鴻嫡傳風水宅案、幕講師、蔣大鴻、姜垚等名家多個實例，破禁公開！
185–186	《山洋指迷》足本兩種 附《尋龍歌》(上)(下)	【明】周景一	風水巒頭形家必讀《山洋指迷》足本！
187–196	蔣大鴻嫡傳水龍經注解 附 虛白廬藏珍本水龍經四種(1–10)	【清】蔣大鴻原著、【清】楊臥雲、汪云吾、劉樂山註	附已知最古《水龍經》鈔本等五種稀見《水龍經》鈔本！
197	批注地理辨正直解	【清】章仲山	無常派玄空必讀經典未刪改本！
198	心眼指要(清刻原本)	【清】章仲山	
199	《天元五歌闡義》附《元空秘旨》(清刻原本)	【清】章仲山	
200	華氏天心正運	【清】華湛恩	
201–202	批注地理辨正再辨直解合編(上)(下)	再註【清】蔣大鴻原著、【清】章仲山直解	失傳姚銘三玄空經典重現人間！名家：沈竹礽、王元極推薦！
203	章仲山注《玄機賦》《元空秘旨》 附《口訣中秘訣》《因象求義》等	【清】章仲山	章仲山注《玄機賦》及章仲山原傳之口訣及筆記
204	章仲山門內真傳《三元九運挨星篇》《運用篇》《挨星定局篇》《口訣篇》等合刊	【清】章仲山、柯遠峰等	近三百年來首次公開！章仲山無常派玄空秘密。和盤托出！
205	章仲山門內真傳《大玄空秘圖訣》《天驚訣》《飛星要訣》《九星斷》略等合刊	【清】章仲山、冬園子等	
206	《得益錄》等合刊	吳師青註	近代香港名家吳師青必讀經典
207	撼龍經真義	吳師青撰	
208	章仲山嫡傳《翻卦挨星圖》附《秘鈔天元五歌闡義》《秘鈔元空秘旨》	【清】章仲山傳、【清】王介如輯	史上首次公開「無常派」下卦起星等挨星秘密之書
209	章仲山嫡傳秘鈔《秘圖》《節錄心眼指要》合刊	【清】章仲山	透露章仲山家傳玄空嫡傳學習次弟及關鍵
210	《談氏三元地理大玄空實驗》附《談養吾秘稿奇門占驗》	【民國】談養吾撰	了解談氏入世的易學卦爻象思想
211–215	《地理辨正集註》附《六法金鎖秘》《巒頭指迷真詮》《作法雜綴》等(1–5)	【清】尋緣居士	集《地理辨正》一百零八家註解大成精華 匯巒頭及蔣氏、六法、無常、湘楚等秘本 史上最大篇幅的《地理辨正註》註解
216	三元大玄空地理二宅實驗(足本修正版)	【民國】尤惜陰(演本法師)、榮柏雲撰	三元玄空無常派必讀經典足本修正版

編號	書名	作者	提要
217	挨星撮要（蔣徒呂相烈傳）	【清】呂相烈	蔣大鴻門人呂相烈三元三百年來首次破禁公開！
218	蔣徒呂相烈傳《幕講度針》附《元空秘斷》《陰陽法竅》《挨星作用》		
其他類			
219-221	《沈氏玄空挨星圖》《沈註章仲山宅斷未定稿》《沈氏玄空學（四卷）原本》合刊（上中下）	【清】沈竹礽 等	揭開沈氏玄空挨星五行吉凶斷的變化及不同用法、章仲山宅斷未刪本、沈氏玄空學原本佚文、玄空挨星圖稿鈔本，大公開！
222	地理穿透真傳（虛白廬藏清初刻原本）	【清】張九儀	三合天星家宗師張九儀畢生地學精華結集
223-224	地理元合會通二種（上）（下）	【清】姚炳奎	分發兩家（三元、三合）之秘，會通其用
225	天運占星學 附 商業周期、股市粹言	吳師青	天星預測股市，神準經典
226	易元會運	馬翰如	《皇極經世》配卦以推演世運與國運
三式類			
227	大六壬指南（清初木刻五卷足本）	【清】薛鳳祚	六壬學占驗課案必讀經典海內善本
228-229	甲遁真授秘集（批注本）（上）（下）	【清】曹仁麟	明清皇家欽天監奇門遁甲、奇門、皇極經世結合經典
230	奇門詮正	【民國】袁樹珊	簡易、明白、實用，無師自通！
231	大六壬探源	【民國】袁樹珊	民初三大命理家袁樹研究六壬四十餘年代表作
232	遁甲釋要		推衍遁甲、易學、洛書九宮大義！
233	《六壬卦課》《河洛數釋》《演玄》合刊	【民國】徐昂	疏理六壬、河洛數、太玄隱義！
234	六壬指南（【民國】黃企喬）	【民國】黃企喬	失傳經典　大量實例
選擇類			
235	王元極校補天元選擇辨正	原【清】謝少暉輯、【民國】王元極校補	三元地理天星選日必讀
236	王元極選擇辨真全書 附 秘鈔風水選擇訣	【民國】王元極	王元極天昌館選擇之要旨
237	蔣大鴻嫡傳天星選擇秘書注解三種	【清】蔣大鴻編訂、【清】楊臥雲、汪云吾、劉樂山註	蔣大鴻陰陽二宅天星擇日日課案例！
238	增補選吉探源	【民國】袁樹珊	按表檢查，按圖索驥：簡易、實用！
239	《八風考略》《九宮撰略》《九宮考辨》合刊	沈瓞民	會通沈氏玄空飛星立極、配卦深義
其他類			
240	《中國原子哲學》附《易世》《易命》	馬翰如	國運、世運的推演及預言